Guides illustrés à 1 franc

GUIDE
GÉNÉRAL
DANS PARIS

PARIS
PAULIN ET LE CHEVALIER
RUE RICHELIEU, 60.
1855.

GUIDES ILLUSTRÉS A 1 FRANC.

GUIDE

GÉNÉRAL

DANS PARIS

Paris à vol d'oiseau vu des hauteurs de Montmartre.

GUIDES ILLUSTRÉS A 1 FRANC.

GUIDE

GÉNÉRAL

DANS PARIS

I. — L'ARRIVÉE. — LES HOTELS.

A peine arrivé à Paris, dans la gare du chemin de fer, l'étranger doit songer à réunir son bagage et à le faire visiter par les employés de l'octroi. Qu'il se garde bien de taire au visiteur les articles prohibés, s'il en a parmi ses effets, car il serait exposé à une condamnation ou tout au moins à une confiscation.

Quand la douane a marqué, à l'aide de sa craie blanche, son chiffre cabalistique sur les bagages, l'étranger pense tout d'abord à se diriger vers un hôtel. Dans la cour du chemin de fer, il trouve des voitures dites de remise à 1 fr. 75 cent. la course, des fiacres à 1 fr. 25 cent., et des *Milords* (cabriolets à quatre roues) à 1 fr. 10 cent. Contrairement à l'usage établi en Angleterre, en Allemagne et dans quelques autres pays, où le tarif de la voiture de place est réglé sur le nombre des voyageurs, le prix de ces voitures ne varie pas en France, quel que soit le nombre des personnes. Ainsi trois personnes dans un fiacre ne paieront pas plus cher qu'une seule.

Avant d'arrêter dans son esprit le quartier où il veut habiter, l'étranger doit consulter ses goûts, ses ressources et ses occupations. Il importe qu'il se loge, autant que possible, dans le voisinage des lieux où il peut avoir affaire. Voyage-t-il pour son plaisir? qu'il se tienne près des boulevards, à deux pas de l'Opéra et de l'Opéra-Comique, à trois pas du Théâtre-Italien. Veut-il éviter le bruit des voitures, le fracas des grandes artères? qu'il choisisse de préférence le faubourg Saint-Germain ou les rues transversales du faubourg Saint-Honoré. Est-il négociant? le quartier de la Bourse est son fait.

Abordons maintenant l'important chapitre du budget.

Paris est une ville tout exceptionnelle, où l'on peut vivre à raison de 3 fr. et de 100 fr. par jour. Tel hôtel vous offrira un appartement de 3 et même de 4,000 fr. par mois, tel autre vous donnera une modeste chambre pour 1 fr. 50 cent. ou 2 fr. par journée.

Les hôtels de la première catégorie sont l'*Hôtel des Princes*, rue Richelieu; l'*Hôtel de Paris*, même rue; l'*Hôtel du Rhin*, place Vendôme; l'*Hôtel Meurice*, surtout fréquenté par les Anglais, rue de Rivoli; l'*Hôtel de la Terrasse*, même rue; l'*Hôtel Windsor*, même rue, etc., etc. Les Champs-Élysées ont aussi deux ou trois hôtels de premier ordre.

Du reste, la nomenclature des nombreux hôtels de Paris ne saurait prendre place dans cet ouvrage. L'étranger, en descendant dans un de ces établissements qui foisonnent dans toutes les rues, demande les prix, et accepte ou repousse les conditions qui lui sont proposées. Qu'il n'oublie pas, s'il ne tient pas à loger absolument dans un des cinq ou six hôtels de premier ordre, qu'il peut toujours trouver dans un hôtel de belle apparence, propre et confortable, une jolie chambre pour 3, 4 et au plus 5 fr. par jour. Il y a dans les environs du Palais-Royal quelques hôtels bien tenus, où la chambre n'excède pas le prix de 2 fr. L'impôt dit *de service*, en usage en Belgique et en Allemagne, n'existe pas dans les

Hôtel des Princes.

hôtels parisiens. On donne en partant un pourboire au garçon, mais le service est compris dans le tarif de la chambre ou de l'appartement.

S'agit-il d'une famille entière? elle fera mieux, si elle veut séjourner pendant quelque temps à Paris, de louer un appartement garni. Elle trouvera dans cet appartement une cuisine, de la vaisselle, tous les objets nécessaires à l'installation d'un ménage. Pour 250 ou 300 fr. par mois, on peut assez facilement se procurer un petit appartement garni, composé d'un salon, d'une chambre à coucher, d'une salle à manger et d'une cuisine, avec cabinets.

Le prix de ce genre d'appartements varie selon les quartiers et les étages où ils sont situés.

Dans les environs des boulevards, on a un grand appartement meublé pour 1,000 ou 1,200 fr. par mois (deux chambres à coucher, salon, salle à manger, cabinet de toilette, cuisine, chambres de domestiques).

Le même appartement, dans le faubourg Saint-Honoré, dans le faubourg Saint-Germain, se louerait pour 4 ou 500 fr. par mois.

II. — CONTRIBUTIONS INDIRECTES.

Avant d'initier le visiteur à la connaissance des restaurants et des tables d'hôte, il importe de le mettre en garde contre la race de forbans polis autant qu'intéressés qui ne demandent qu'à le dépouiller avec l'urbanité la plus parfaite.

Les tribulations financières du touriste commencent, s'il n'y prend garde, au moment même où il met le pied sur le sol parisien, si l'on peut appeler parisien le terrain cosmopolite de la gare du chemin de fer où se rencontrent les innombrables échantillons de la race humaine.

A peine la craie du préposé de l'octroi a-t-elle marqué ses bagages du *laissez-passer* de rigueur, que trois ou quatre écumeurs de mer montent à l'abordage :

— Monsieur, une chambre garnie bien située ! — Monsieur, un guide ! — Monsieur, un interprète ! — Où faut-il porter les effets de Monsieur ? — Une voiture de remise à Monsieur? — Et chacun, rivalisant d'importunité, se presse autour du nouveau débarqué, considéré comme une mine à extorsions, comme un Sacramento de pourboires, comme une Californie de gratifications. Le malheureux, ahuri, les poches bourrées de cartes-adresses, cherche ses malles, et les voit emportées par des mains inconnues. Il les suit, et le premier pas est fait; s'il n'y met bon ordre, notre visiteur aura bientôt perdu son libre arbitre. Le navire marchand est amariné, sa cargaison va passer à bord du corsaire.

Dans la série des contributions indirectes dont cet infortuné sera successivement frappé, s'il ne prend pas un parti énergique dès le premier jour, le pourboire occupe la première place; c'est l'impôt des boissons appliqué à ce budget extra-légal; seulement, ici les boissons ne sont plus la cause, mais le prétexte.

Le voyageur est donc installé dans un hôtel garni. Là, en compagnie d'un certain nombre de gens étrangers comme lui, il fait connaissance avec le menu de la table d'hôte. Un serviteur *omnibus* se met à ses ordres, bat ses habits, balaie sa chambre, fait son lit et fait semblant de remplir divers offices d'intérieur ou d'extérieur, commissions, courses, etc. Le loyer est honnête et suffit au maître de l'hôtel pour réaliser de beaux bénéfices, même en salariant convenablement tout son monde. Or, admirez l'avidité humaine : votre garçon avait un fixe, il aspire à un éventuel, hypothéqué sur sa complaisance, sa bonne humeur, son zèle, en dehors des exigences du service habituel, et enfin sur la libéralité du locataire. Souvent, grâce à d'ingénieux procédés d'extorsion polie, l'éventuel se régularise et dépasse le revenu primitif. Le patron se ravise : suppression de gages, et voilà le garçon qui ne peut plus compter que sur son habileté. Dès lors, si des conventions préalables n'ont pas été faites, un tarif extra-réglementaire s'additionne au tarif inscrit sur la carte de l'établissement : tant pour telle chose, tant pour telle autre; droit de péage à la barrière, je veux dire à la porte d'entrée, passé minuit; droit de courtage sur toutes les emplettes du contribuable; droit de reconnaissance à propos de la moindre course, du moindre renseignement. Rien de plus fécond que l'imagination de ces officieux, réduits pour vivre à leur industrie; elle a été si loin, que les maîtres sont intervenus. Mais ils se sont bien gardés de prendre le parti des victimes, ils ont préféré partager leurs dépouilles, et il est certains hôtels où ils comptent de clerc à maître avec leurs garçons, en s'attribuant la part du lion.

Voilà l'étranger prévenu; qu'il prenne bien ses précautions.

Puisque nous en sommes sur ce chapitre, épuisons-le tout de suite pour n'avoir plus à y revenir.

En sortant de ce *chez soi*, le voyageur serait bien aise de visiter la ville de Paris, mais c'est en vain que, par un motif louable d'économie, il voudrait se renseigner de rue en rue et faire usage de la marche, le plus primitif des moyens de locomotion. Le Parisien à qui l'on demande le chemin vous répond par une pantomime et un langage qui eussent dérouté Sterne bien mieux encore que les beaux yeux de la jolie mercière; — Deuxième à droite; quatrième à gauche; tout droit devant vous. — Le ministère! prenez à gauche, suivez, tournez à droite et vous y êtes. — Il faut retenir cela dans l'ordre. Mille fois pour une, l'on prend la troisième à gauche au lieu de la quatrième, et tout l'itinéraire est bouleversé ; on a recours à des indications nouvelles, et, en définitive, il faut se résigner au fiacre, où l'on monte la tête perdue entre les deuxième, troisième, quatrième et autres nombres ordinaux qui se battent dans une confuse mêlée. Un officieux médaillé ouvre et referme la portière, — pourboire ; au point d'arrivée, second officieux qui se livre au même manége, — second pourboire.

Cet infatigable mendiant de pourboire vous poursuivra partout, ô voyageur ! il faut en prendre votre parti : au comptoir étincelant du café où se dresse l'urne ruolzée recélant la générosité de la journée, et que se partagent, le soir venu, garçons et patrons ; aux Champs-Élysées, où la main finement gantée d'une sirène en plein vent vient vous tendre la corbeille sollicitcuse ; au théâtre, où il se déguise grâce au prétexte du petit banc et du numéro de *l'Entr'acte* apportés par l'ouvreuse ; à l'Exposition de peinture et à l'Exposition de l'industrie, où il vous emprunte votre canne et votre parapluie pour vous les rendre contre salaire ; aux promenades publiques, où il vous offre une chaise boiteuse. En tous lieux, il hausse le prix de toutes les consommations ; partout, à côté des pièces d'argent, il se glisse sous la forme de pièces de billon supplémentaires.

Notre budget des contributions indirectes possède aussi ses droits de mutation, ou, si l'on aime mieux, ses droits de douane et de transit ; ils sont réunis sous le titre générique de *coulage*. Le coulage revêt mille formes diverses, depuis les pots-de-vin jusqu'aux infimes mystères de l'anse du panier. Le coulage au moyen des compères se présente avec mille variétés ; tantôt un marchand vous adresse à un confrère, après avoir pris ses sûretés pour le droit de commission; tantôt l'interprète qui accompagne l'étranger stipule son prix d'avance; une autre fois, votre commissionnaire fera double emplette, et mettra toute la dépense à votre compte. Puis viennent les dons que l'on extorque aux fournisseurs, lesquels se rabattent sur l'acheteur afin de s'indemniser; puis les mémoires enflés à plaisir, afin de donner l'occasion de faire un rabais insignifiant, mais capable de satisfaire le client naïf; puis les substitutions de marchandises, puis les irrégularités de poids, et mille autres rouerics plus ou moins pendables.

Je n'ai pas l'intention d'aborder le chapitre des tentations irrésistibles; pour traiter convenablement un pareil sujet, il faudrait un gros volume. Paris ne s'adresse pas seulement aux cinq sens, et s'il est vrai que Paris offre à chacun d'eux les séductions les mieux combinées et les plus adroites, on serait injuste de ne pas ajouter que les plaisirs de l'intelligence y sont plus variés et moins coûteux que partout ailleurs, ce qui fait bien un peu compensation. Mais quel homme est assez prévoyant pour calculer d'avance jusqu'où l'entraînera cette profusion magique de joies, de plaisirs, de satisfactions de l'ordre le plus bas ou le plus élevé? chaque faculté que galvanise, que surexcite le spectacle des séductions de tous les instants, réclame son tribut. Où peut s'arrêter la progression des plaisirs et des dépenses?

Vous n'êtes pas encore quittes avec l'avide courtisane, ô étrangers! Après avoir épuisé les enchantements et les sorcelleries de sa grâce, de son bon goût, de son élégance, elle ne dédaigne pas les impôts détournés, elle ne recule pas devant les moyens de réduire à sa plus simple expression l'imprudent qui n'a pas appris à se défier de ses pièges. Pour cela, elle emprunte les organes les plus divers, depuis l'affiche du train de plaisir à prix réduit jusqu'à la voix de l'obscur industriel qui arrête sa victime pour lui proposer l'acquisition d'une chaîne de sûreté. Au moment où vous êtes fatigué d'une course pédestre un peu prolongée, elle s'offre à vous sous les traits peu aimables, mais pourtant engageants d'un cocher de remise; si vous avez soif, elle fait briller à vos yeux le transparent d'un glacier ou l'enseigne d'une brasserie anglaise; êtes-vous égaré? c'est un cicerone médaillé qui se trouve à point. Tout le monde n'avait pas le droit d'aller à Corinthe, je voudrais bien savoir quel est le nombre de ceux qui ont le droit de venir à Paris.

On le voit, avant de braver les écueils de ce séduisant voyage, l'étranger fera bien de consulter ses forces, de peser mûrement, comme l'homme d'Horace, ce que lui permet et ce que lui refuse sa bourse; sinon, il éparpillera maladroitement une somme qui aurait suffi à toutes ses fantaisies. Qu'il n'oublie pas surtout les contributions indirectes, et qu'en tête de son budget il inscrive les mots de pourboire et de frais imprévus pour un total qui réponde à toute éventualité. S'il ne compte pas sur les dépenses imprévues, il s'expose à compter sans l'hôte, et on sait ce que dit le proverbe en pareil cas.

III. — RESTAURANTS ET TABLES D'HOTE

Une fois installé dans sa chambre ou dans son appartement, à l'hôtel ou dans une maison garnie, l'étranger songe tout naturellement à sa nourriture. Presque tous les hôtels ont une table d'hôte où l'on dîne à raison de 3, 4 et 5 fr., le vin ordinaire compris. Le déjeuner est généralement de 2 fr. à 2 fr. 50 cent. La table d'hôte, qui offre une si grande ressource aux voyageurs en Allemagne, en Belgique, en Hollande, où les bons restaurants sont à peu près inconnus, perd chaque jour à Paris de son ancienne importance. L'étranger préfère dîner au restaurant, et il a parfaitement raison. Le restaurant, c'est l'élégance, la véritable bonne chère et la liberté.

Paris, il faut bien le dire, est la première ville gastronomique du monde. Il n'est pas un peuple qui ne proclame la supériorité de la cuisine française sur toutes les autres cuisines. Un Russe, contraint de quitter la France, nous disait dernièrement : « Je n'ai dîné qu'à Paris, partout ailleurs je ne ferai plus que manger. » On peut contester à la France ses victoires, ses grands hommes, ses chefs-d'œuvre littéraires, on ne lui contestera jamais la gloire culinaire de sa capitale.

Le restaurant parisien, je parle du restaurant de premier ordre, est un temple, un palais enchanté où le luxe, l'élégance, le bon goût et la grâce viennent encore rehausser l'excellence de la bonne chère. Que sont, auprès de ces salons resplendissants d'or, de glaces, d'astragales et de festons, les tavernes, ô Albion? les grandes salles nues, ô Allemagne? Je ne parle pas des vins, il n'y a de véritables caves de restaurateurs que dans quelques restaurants de Paris. La cave des *Frères Provençaux* a des crus qui datent de Louis XV. J'ai visité les caves du *Café Anglais*, elles ont dix-huit rues, quatre places, deux carrefours, et elles contiennent pour cent mille écus de vins fins.

On n'a jamais mieux dîné à Paris que depuis quelques années; nous ne prétendons pas que la cuisine ait progressé depuis Cambacérès et M. de Cussy, mais l'établissement des grandes lignes de chemins de fer a mis la mer à quelques heures de Paris. La marée se sert plus fraîche sur les tables du Palais-Royal ou du boulevard de Gand, que dans les hôtels des ports de l'Océan. Paris est le grand entrepôt gastronomique de la France, la contrée la plus gastronomique du globe. C'est à Paris que Bordeaux et la Bourgogne expédient leurs meilleurs crus : le Romanée, le Chambertin, l'Hermitage, le Haut-Brion, le Médoc. C'est aussi à Paris que l'on sait véritablement fêter ce vin de la fantaisie que nous devons à la Champagne : le Moët, la Grappe-d'Or, le Montebello, tous ces rayons de soleil qui étincellent dans le cristal.

Maintenant, consultez votre bourse et votre appétit. Voici les *Frères Provençaux*, une vieille réputation, qui s'est maintenue côte à côte du *Restaurant Véry*, dont la renommée est toujours européenne; voici *Véfour*, qui marche aussi en première ligne, et qui jouit de l'estime toute particulière des gourmets de la province en vacances à Paris. Voici sur les boulevards le *Café Anglais*, une bonne maison et une vieille cave; le *Café de Paris*, rendez-vous de la jeunesse chevaline et dorée; la *Maison d'Or*, le sanctuaire des parties fines; le *Café de Foy*, le *Café de la Madeleine*, etc., etc. Dans les restaurants que nous venons de nommer, on peut dîner très-convenablement pour 7 ou 8 fr. quand on est seul; à deux, le dîner est plus économique encore : 10 fr. suffisent pourvu qu'on soit modéré. Si vous voulez absolument faire ce qu'on appelle un dîner fin, un dîner émaillé de primeurs et arrosé de vins généreux, vous n'aurez pas de peine à dépenser 25 et même 40 fr.

La carte des restaurants de seconde classe, restaurants où l'on trouve aussi le luxe, le confort et une science approfondie dans l'assaisonnement des mets, est un peu moins élevée que celle des établissements dont nous venons de parler. Dans ces restaurants, on peut diner très-convenablement pour 5 fr. Si l'on est deux, 8 fr. suffiront; car les plats pour une personne, étant assez copieux pour l'alimentation de deux, on peut, dans ce cas, demander que le service soit réglé sur le pied d'un seul convive. On demande au garçon un potage pour un, un bifteck pour un, etc., etc. Cet usage, complètement inconnu dans les autres pays, est à peu près général à Paris.

Après les restaurants à la carte, vient la série si nom-

Diner de Paris.

breuse des restaurants à prix fixe. Il y a d'abord le diner à 5 fr., situé rue Laffitte : c'est la table d'hôte sans ses inconvénients. Là, pas de temps perdu à chercher quel mets on choisira dans l'innombrable catégorie que déroule la carte toujours si variée : vous entrez, vous prenez place à une table, et le garçon vous sert le menu du jour dont le feuilleton est placardé à l'extérieur. Après le dîner à 5 fr., voici les dîners à 3 fr. 50 cent. et à 3 fr. 25 cent. qui alimentent chaque jour de trois à quatre cents convives. Nous trébuchons ensuite dans les restaurants à 40 sous et à 32 sous, où l'on a une bouteille de vin, un potage, trois plats au choix, un dessert et du pain à discrétion, le tout, comme on doit bien le supposer, d'une qualité assez médiocre. Voulez-vous descendre toute l'échelle culinaire! Vous tomberez dans les dîners à 20 sous, à 18 sous, à 16 sous et même à 14 sous. Vous voyez que Paris a des mets pour tous les estomacs et des restaurateurs pour toutes les bourses.

En dehors des restaurants, il y a encore les marchands de vin, les établissements de bouillon, les laiteries et les rôtisseries.

Derrière la boutique des marchands de vin, où le public boit sur le comptoir, est ordinairement une salle assez peu éclairée, où l'on peut manger d'excellents entre-côtes, des côtelettes succulentes et des biftecks beaucoup plus authentiques que les choses sans nom qu'on sert dans les restaurants à 40 sous. Plusieurs restaurateurs célèbres ont commencé par être marchands de vin; de ce nombre *Philippe*, le chef de l'établissement renommé situé rue Montorgueil.

Dans les établissements de bouillon, on a, moyennant 15 sous, un consommé, du bouilli, du pain et un carafon de vin.

Les laiteries sont des restaurants inférieurs où, sous le

prétexte de servir aux consommateurs des mets accommodés à la crème, on vend des plats à 6 sous et à 8 sous. Quelques rôtisseurs ont aussi des arrière-boutiques où l'on peut dépecer un quart de dindon ou une moitié de poulet.

L'anglomanie a fait de grands progrès chez nous dans ces dernières années; c'est cette nouvelle mode qui a fait surgir les tavernes anglaises : la première de toutes est la *Taverne-Britannique*, située rue de Richelieu : on y dîne convenablement pour 5 ou 6 fr. La taverne de la Chaussée-d'Antin et la taverne de la rue Saint-Marc sont des établissements à prix fixe : 28 sous pour le déjeuner, qui se compose de viandes rôties, froides, bœuf, veau ou jambon avec un thé et du beurre. On y dîne pour 48 sous, et les aliments y sont bons. Il y a encore la taverne de la rue de la Madeleine et la taverne *Katkomb*, rue Neuve-des-Petits-Champs, où l'on a un rosbif, des pommes de terre, un plat de légumes et de la bière pour 1 fr. Le *John Bull*, situé rue des Pyramides, donne deux plats et un dessert pour 1 fr. 20 cent.

La cuisine italienne a pour principaux représentants *Paolo Broggi*, dont l'établissement est situé rue Lepelletier, en face de l'Opéra, et *Graziano* du passage des Panoramas. Ces restaurants sont renommés pour leur macaroni, leur ravioli, leur mortadelle, leur tagliarini et leur stoffati.

Si vous voulez trouver l'aïoli véritable, la bourriole, la morue à la brandade, la fameuse bouillabaisse et tout l'olla podrida de la cuisine provençale, allez au *Bœuf à la Mode*, rue de Valois.

IV. — CAFÉS. — ESTAMINETS.

Il est une liqueur au poëte bien chère
Qui manquait à Virgile et qu'adorait Voltaire,
C'est toi divin café.....

Nulle part plus qu'en France, et surtout à Paris, le café, érigé presque en divinité, n'a des temples coquets, somptueux, innombrables. En sortant du restaurant, on entre au café. Si l'on veut fumer en savourant la liqueur, on monte dans une salle transformée en estaminet; toute la ligne des boulevards est sillonnée de cafés où on lit les journaux, où l'on cause, où l'on joue aux dominos, aux échecs, au billard, etc. Le plus ancien café de Paris est le *Café Procope*, où s'est réunie pendant un demi-siècle l'élite des beaux esprits français; d'autres très-anciens cafés sont le *Café de la Régence*, actuellement rue de Richelieu, le *Café de Foy* et le *Café Valois* au Palais-Royal et le *Café Turc* sur le boulevard du Temple. Là aussi vous trouverez le *Café d'Orléans*, le *Café de la Rotonde*, le *Café Corazza*, le *Café Lemblin*. Du reste, ces établissements élevés au culte de la demi-tasse se sont tellement multipliés dans tous les quartiers de la capitale que les pages de ce livre suffiraient à peine à leur nomenclature.

A côté des cafés purs et simples se sont établis les cafés chantants, qui sont fort en honneur en ce moment; la spéculation consiste à débiter une liqueur quelconque à un prix un peu plus élevé que dans les cafés ordinaires; l'entrée est libre : on entre, on se place devant une table, le garçon vous offre une tasse de café que vous payez 60 centimes au lieu de 40 ; mais vous entendez roucouler des romances, vous voyez arrangées sur une estrade cinq ou six femmes décolletées et souvent jolies. Le café chantant d'hiver qui obtient le plus de succès, est celui de la maison dite du Pont-de-fer, sur le boulevard Bonne-Nouvelle.

Café chantant.

Une nouvelle industrie a aussi beaucoup réussi dans ces dernières années : nous voulons parler des liquoristes qui vendent des cerises à l'eau-de-vie, des pruneaux et des fruits confits que l'on prend sur le comptoir. Il est inutile d'ajouter que ce n'est pas la portion la plus distinguée de la société parisienne qui fréquente ces établissements.

V. — VOITURES.

Il y a dans Paris quatre sortes de voitures publiques : les omnibus (30 c. la course) ; les voitures sous remises (1 fr. 75 la course, 2 fr. l'heure) ; les fiacres (1 fr. 25

Omnibus.

la course, 1 fr. 75 l'heure) ; les cabriolets-mylord (1 fr. 10 la course, 1 fr. 50 l'heure). De minuit à six heures du matin la course se paie plus cher.

Les *Batignolaises* (voitures omnibus) vont *des Batignolles à la place du Palais-Royal* en suivant cet itinéraire : rues de Clichy, de la Chaussée-d'Antin, Louis-le-Grand, de Port-Mahon, Gaillon, Neuve-Saint-Roch, Saint-Honoré, place du Palais-Royal.

Les *Béarnaises* vont *des Invalides à la place de la Bastille et au chemin de fer de Lyon* en passant par les rues Saint-Dominique, des Saints-Pères, de Grenelle, la Croix-Rouge, la rue du Vieux-Colombier, la place Saint-Sulpice, le carrefour de l'Odéon, les rues de l'École-de-Médecine, des Mathurins-Saint-Jacques, des Noyers, la place Maubert, les rues Saint-Victor, de Pontoise, le Marché-aux-veaux, le quai de la Tournelle, le pont de la Tournelle, la rue des Deux-Ponts, le pont Marie, la rue des Nonains-d'Yères, la rue Saint-Antoine, la place de la Bastille, la rue de Lyon, le chemin de fer.

Citadines n° 1, *de la place Dauphine à Belleville*, par la rue du Harlay, le quai de l'Horloge, le pont au Change, la place du Châtelet, le quai de Gèvres, le quai Pelletier, la place de l'Hôtel de Ville, les rues du Temple, du Faubourg-du-Temple, la grande rue de Belleville.

Citadines n° 2, *de la place des Petits-Pères à Belleville*, par les rues Vide-Gousset, des Fossés-Montmartre, Neuve-Saint-Eustache, Bourbon-Villeneuve, boulevard Saint-Denis, rues Saint-Martin, Notre-Dame-de-Nazareth, du Temple, grande rue de Belleville.

Constantines, de Chaillot au faubourg Saint-Martin : Grande rue de Chaillot, avenue des Champs-Élysées, rues Montaigne, du Faubourg-Saint-Honoré, de la Madeleine, de l'Arcade, Saint-Lazare, Lamartine, Montholon, Papillon, de Paradis, de la Fidélité.

Les *Dames-Réunies* n° 1, *de la place Saint-Sulpice à la Villette :* rues Saint-Sulpice, des Quatre-Vents, carrefour de l'Odéon, rues de l'Ancienne-Comédie, Saint-André-des-Arts, place Saint-Michel, pont Saint-Michel, quai aux Fleurs, pont Notre-Dame, rue Saint-Martin, rue du Faubourg-Saint-Martin, la Villette.

Dames-Réunies n° 2, *de Saint-Laurent à Grenelle* : rue et place de la Fidélité, rues de Paradis-Poissonnière, Hauteville, de l'Échiquier, du Faubourg-Poissonnière, boulevard et rue Montmartre, rues des Vieux-Augustins, Coquillière, de Grenelle-Saint-Honoré, places du Palais-Royal, du Carrousel, pont Royal, rues du Bac, Saint-Dominique, place des Invalides, avenues Lamothe-Piquet, de Labourdonnaye, de Lowendal, barrière de l'École, Grenelle.

Favorites n° 1, *de la place Saint-Sulpice au chemin de fer du Nord* : rues Saint-Sulpice, des Quatre-Vents, carrefour de l'Odéon, rues de l'Ancienne-Comédie, Dauphine, Pont-Neuf, quai de l'École, place du Louvre, rues de Rivoli, du Coq, Croix-des-Petits-Champs, place des Victoires, rue Vide-Gousset, place des Petits-Pères, rue Notre-Dame-des-Victoires, place de la Bourse, rue Vivienne, boulevard Montmartre, rues du Faubourg-Montmartre, Bergère, du Faubourg-Poissonnière, rue et place Lafayette, rue Denain et place Roubaix.

Favorites n° 2, *de la barrière d'Enfer à la Chapelle* : rue d'Enfer, place Saint-Michel, rue de La Harpe, pont Saint-Michel, pont au Change, place du Châtelet, rue Saint-Denis, rue du Faubourg-Saint-Denis, la Chapelle.

Favorites n° 3, *de la barrière des Martyrs aux Gobelins* : rues des Martyrs, du Faubourg-Montmartre, Montmartre, pointe Saint-Eustache, marché des Prouvaires, rues des Prouvaires, du Roule, de la Monnaie, pont Neuf, place Dauphine, rue du Harlay, quai des Orfèvres, pont et quai Saint-Michel, rues du Petit-Pont, Galande, place Maubert, rues Saint-Victor, Geoffroi-Saint-Hilaire, des Fossés-Saint-Marcel, les Gobelins.

Favorites n° 4, *de la place du Havre à Vaugirard :* rues Saint-Lazare, Caumartin, Neuve-des-Capucines, place des Victoires, rues Croix-des-Petits-Champs, Coquillière, du Four-Saint-Honoré, du Roule, de la Monnaie, pont Neuf, rues Dauphine, de Buci, Sainte-Marguerite, Taranne, la Croix-Rouge, la rue de Sèvres, Vaugirard.

Gazelles, de la place du Palais-Royal à la barrière de la Gare : place du Palais-Royal, rue de Rivoli, place du Louvre, quai de l'École, pont Neuf, quais des Augustins, Saint-Michel, Montebello, de la Tournelle, Saint-Bernard, place Walhubert, boulevard de l'Hôpital, rue Neuve-de-la-Gare, barrière de la Gare.

Hirondelles n° 1, *de la barrière Rochechouart à la barrière Saint-Jacques :* chaussée Clignancourt, rues Rochechouart, Cadet, du Faubourg-Montmartre, Montmartre, Vivienne, Neuve-des-Petits-Champs, des Bons-Enfants, Saint-Honoré et de la Monnaie, quais de l'École, de la Mégisserie, Saint-Michel, rues du Petit-Pont, Saint-Jacques, des Mathurins-Saint-Jacques, de la Sorbonne, de Cluny, Soufflot, Saint-Jacques, du Faubourg-Saint-Jacques.

Hirondelles n° 2, *de la place Cadet à la rue Mouffetard :* rues Bleue, du Faubourg-Poissonnière, des Petites-Écuries, du Faubourg-Saint-Denis, Saint-Martin, Rambuteau, Beaudoyer, du pont Louis-Philippe, le pont Marie, l'île Saint-Louis, le quai de la Tournelle, rues Saint-Victor, Geoffroi-Saint-Hilaire, du Fer-à-Moulin et Mouffetard.

Omnibus n° 1, *de la barrière Blanche à l'Odéon :* rues Fontaine-Saint-Georges, Notre-Dame-de-Lorette, Bourdaloue, Laffitte, boulevard des Italiens, rue Richelieu, Rivoli, place du Carrousel, pont Royal, quai Voltaire, rue des Saints-Pères, Taranne, du Dragon, la Croix-Rouge, rue du Vieux-Colombier, place Saint-Sulpice, rue Saint-Sulpice, rue de Tournon, théâtre de l'Odéon.

Omnibus n° 2, de la Madeleine au pont de Neuilly : boulevard de la Madeleine, rues Royale, du Faubourg-Saint-Honoré, barrière du Roule, les Thernes, vieille route de Neuilly, route de la Révolte, avenue et pont de Neuilly.

Omnibus n° 3, de la place du Havre à la barrière de Charenton : rues Chaussée-d'Antin, Louis-le-Grand, Neuve-Saint-Augustin, d'Antin, du Marché-Saint-Honoré, Saint-Honoré, de la Ferronnerie, place Sainte-Opportune, rue des Lombards, de la Verrerie, place du marché Saint-Jean, rue Saint-Antoine, place de la Bastille, rue et barrière de Charenton.

Omnibus n° 4, des Batignolles à la Bastille : rues des Dames, de Léris, barrière Monceau, du Rocher, Saint-Lazare, place du Havre, rues de la Ferme-des-Mathurins, Tronchet, de la Madeleine, boulevards de la Madeleine, des Capucines, rues Neuve-Saint-Augustin, des Filles-Saint-Thomas, place des Petits-Pères, rue Vide-Gousset, place des Victoires, rues Catinat, de la Banque, Coquillière, pointe Saint-Eustache, rue Rambuteau, de Paradis au Marais, des Francs-Bourgeois, Neuve-Sainte-Catherine, du Pas-de-la-Mule, boulevard Beaumarchais et place de la Bastille.

Omnibus n° 5, de la rue de Rivoli à Passy : place du Carrousel, quais des Tuileries, de la Conférence, allée d'Antin, rue Jean-Goujon, place François 1er, quai de Billy et barrière de Passy.

Omnibus n° 6, de la Madeleine à la Bastille, en suivant directement toute la ligne des boulevards.

Omnibus n° 7, *de la barrière du Roule au boulevard des Filles-du-Calvaire :* rue du Faubourg-Saint-Honoré, rue Royale, boulevard de la Madeleine, rues Duphot, Saint-Honoré, des Prouvaires, pointe Saint-Eustache, rues Montorgueil, Mauconseil, Saint-Denis, Grenétat, Saint-Martin, Phélippeaux, de Bretagne, de la Corderie-du-Temple, Boucherat, Saint-Louis, boulevard des-filles-du-Calvaire.

Omnibus n° 8, *de la barrière du Trône à la rue de Rivoli :* rue du Faubourg-Saint-Antoine, place de la Bastille, rue Louis-Philippe, quais de la Grève, Pelletier, de Gèvres, de la Mégisserie, de Rivoli.

Omnibus n° 9, *de la rue de Rivoli au pont de Neuilly:* rue de Rivoli, place de la Concorde, avenue des Champs-Élysées, de Neuilly, barrière de l'Étoile, route, avenue et pont de Neuilly.

Omnibus n° 10, *de la place de l'Oratoire du Louvre à Bercy :* place du Louvre, quais de l'École, de la Mégisserie, de Gèvres, Pelletier, de la Grève, des Ormes, Saint-Paul, des Célestins, Henri IV, place Mazas, quai de la Rapée, de Bercy.

Omnibus n° 11, *de Bercy à la Bastille :* rues Grange-aux-Mercières, de Bercy, boulevard Contrescarpe, place de la Bastille.

Omnibus n° 12, *de la place de la Bastille au Père Lachaise,* par la rue de la Roquette.

Parisiennes n° 1, *de la barrière Poissonnière à la place du Panthéon :* rues du Faubourg-Poissonnière, Richer, du Faubourg-Montmartre, de Provence, Chaussée-d'Antin, boulevard des Italiens, des Capucines, rue de la Paix, place Vendôme, rues Saint-Honoré, Royale, place de la Concorde, palais du Corps-Législatif, rues de Bourgogne, de Grenelle-Saint-Germain, la Croix-Rouge, rues du Four-Saint-Germain, Bonaparte, place Saint-Sulpice, rues Saint-Sulpice, des Quatre-Vents, carrefour de l'Odéon, rues de l'Odéon, Racine, Monsieur-le-Prince, place Saint-Michel, rues Saint-Hyacinthe, Soufflot, place du Panthéon.

Parisiennes n° 2, *du boulevard du Temple à la barrière Montparnasse:* boulevard Saint-Martin, rues Saint-Denis, Bourbon-Villeneuve, Neuve-Saint-Eustache, des Fossés-Montmartre, place des Victoires, rues Croix-des-Petits-Champs, de Grenelle-Saint-Honoré, de l'Arbre-Sec, quai de l'École, pont Neuf, quai Conti, rues Bonaparte, Jacob, Saint-Benoit, Taranne, des Saints-Pères, de Grenelle-Saint-Germain, la Croix-Rouge, rues du Cherche-Midi, du Regard, Notre-Dame-des-Champs, Montparnasse.

Parisiennes n° 3, *du chemin de fer de Lyon à Vaugirard:* rues Mazas, de Lyon, place de la Bastille, rues Saint-Antoine, Louis-Philippe, quais de la Grève, Pelletier, pont Notre-Dame, Petit-Pont, quais Saint-Michel, des Grands-Augustins, Conti, rue de Seine, rue et place Saint-Sulpice, rues Bonaparte, Honoré-Chevalier, Madame, Vaugirard.

Tricycles, de la porte *Saint-Martin à la barrière du Maine:* boulevards Saint-Denis, Bonne-Nouvelle, rues Poissonnière, de Cléry, des Fossés-Montmartre, de la Banque, Croix-des-Petits-Champs, Saint-Honoré, place du Palais-Royal, rue de Rivoli, place du Carrousel, pont Royal, rues du Bac, de Sèvres, boulevard Montparnasse, barrière du Maine.

Toutes ces voitures ont, en outre, des correspondances.

Pour compléter ces renseignements, nous mettons sous les yeux du lecteur le tableau des tarifs des voitures dites de remise, et des voitures de place.

VOITURES DE PLACE.

	De 6 heures du matin à minuit.		De minuit à 6 heures du matin.		En dedans des murs d'enceinte des fortifications.	En dehors des murs d'enceinte des fortifications.
	La course.	L'heure.	La course.	L'heure.	L'heure.	L'heure.
Grands fiacres à 6 places........	1 f. 50 c.	2 f. » c.	2 f. » c.	3 f. » c.	2 f. » c.	3 f. » c.
Petits fiacres à 4 places à 1 ou 2 chevaux...	» 25	1 75	1 75	2 50	1 75	2 »
Cabriolets à 2 ou à 4 roues.............	» 10	1 50	1 75	2 50	1 50	2 »

VOITURES DE REMISE.

Berlines à 2 chevaux..	2 »	2 50	3 »	3 »	3 50	4 »
Coupés à 1 ou 2 chevaux........	1 75	2 »	2 »	3 »	2 50	3 50
Cabriolets à 2 roues ou à 4 roues.........	1 50	1 75	2 »	2 50	2 »	2 50

VI. — CHEMINS DE FER.

Paris a sept embarcadères de chemins de fer :

Place Roubaix, chemin du Nord. — Angleterre, Belgique, Hollande, Allemagne.

Place du Havre, chemin de Versailles (rive droite).
— — chemin de Saint-Germain.
— — chemin de Rouen et du Havre.

Place Mazas, chemin de Lyon. — Méditerranée, Italie, Suisse, Savoie.

Place Chabrol, chemin de Strasbourg. — Allemagne, Suisse.

Boulevard de l'Hôpital, chemin d'Orléans. — Tours, Bordeaux, Nevers, Bourges, Limoges, Angers, Nantes.

Boulevard Montparnasse, ligne de l'Ouest. — Chartres, le Mans.
— — Versailles (rive gauche).

Barrière d'Enfer, chemin de Sceaux, Palaiseau.

Des omnibus spéciaux transportent les voyageurs aux gares des chemins de fer pour 30 centimes et quelques-uns pour 15 centimes. Voici les différentes stations de ces omnibus :

Ligne du Nord. — Rue Croix-des-Petits-Champs, 10 ; rue Saint-Denis, 124 ; rue de l'Ancienne-Comédie, 14 ; hôtel Bedford, boulevard des Italiens ; hôtel de Bade, rue de Rivoli ; hôtel Meurice, rue de Rivoli ; rue Amelot, 11 ; hôtel de Lille et d'Albion, rue Notre-Dame-des-Victoires, 36.

Ligne de Versailles (rive droite), *de Saint-Germain.* — Place du Carrousel, boulevard Bonne-Nouvelle ; place de la Bourse, pointe Saint-Eustache, quai de l'École.

Ligne de Lyon. — Rue Croix-des-Petits-Champs, 10; rue Notre-Dame-des-Victoires, 36; cour Batave; rue Saint-Denis, 124; place Saint-Sulpice.

Ligne de Strasbourg. — Carrousel, rue de Rivoli, rue Saint-Martin, 562, cour Batave, rue Saint-Denis, 124; place du Palais de Justice, 1; place Saint-Sulpice, 1, 2; rue Notre-Dame-des-Victoires, 36.

Ligne d'Orléans, de Bordeaux, de Nantes et du centre. — Rue Drouot, 4; rue Jean-Jacques Rousseau, 18; rue Saint-Martin, 247; rue du Bac, hôtel du Petit-Saint-Martin.

Ligne de l'Ouest et de Versailles (rive gauche). — Carrousel, rue de Rivoli, place de la Bourse, 12; rue Saint-Martin, 256; rue Saint-Denis, 124; rue Lobeau, 2; place du Palais-de-Justice, place Saint-Sulpice.

Ligne de Sceaux. — Rue Croix-des-Petits-Champs, 10; place Saint-Sulpice.

VII. — AGRANDISSEMENTS DE PARIS.

Avant de guider le lecteur à travers les rues de la grande capitale, il importe de dire quelques mots sur l'histoire de Paris.

Paris s'est d'abord appelé *Lutèce*. Quelle est l'étymologie de ce nom? Les uns disent qu'un prince gaulois nommé *Lucus*, fut le fondateur de cette cité; d'autres prétendent que Lutèce vient de *lutum*, qui signifie boue; d'autres enfin croient que le mot *Leuticia, Leucotica, Lutèce,* est dérivé du celtique.

Ce qu'il y a de certain, c'est que Paris est une des plus anciennes cités des Gaules; l'obscurité même de son origine en est une preuve incontestable. Lorsque César, qui le premier en parle, vint dans les Gaules, cette capitale des Parisiens (*Parisii*) n'était encore qu'un amas de chétives cabanes renfermées dans une île au milieu de la Seine; les deux rives du fleuve, aujourd'hui couvertes de somptueux édifices et d'une nombreuse population, n'étaient alors que d'épaisses forêts entourées de marais, et dont les solitudes étaient consacrées à des divinités sanguinaires.

Les Parisiens ont été célèbres parmi les peuples de leur nation par leur courage et leur haine de la domination de l'étranger, et lorsque César, maître d'une grande partie des Gaules, voulut subjuguer leur ville capitale, son lieutenant Labienus qu'il avait chargé de cette expédition y trouva une résistance à laquelle il ne s'attendait pas.

César, maître de Paris, l'embellit, au dire de quelques auteurs. Toujours est-il que, dès cette époque, cette cité tenait déjà un rang distingué parmi les villes de la Gaule.

Devenu le séjour habituel des gouverneurs de la Gaule, Paris s'embellit sous les règnes de Valentinien, de Gratien, de Constantin et de Constance qui l'habitèrent. Son principal accroissement est rapporté au règne de Julien l'Apostat, qui y passa plusieurs hivers.

Clovis, après avoir vaincu et tué Alaric, roi des Visigoths, y établit sa résidence en 508; en 510, il en fit la capitale de ses conquêtes. Depuis l'établissement des Francs dans les Gaules, chaque règne, pour ainsi dire, apporta quelques accroissements à cette ville. Clovis, Childebert, et plusieurs princes qui régnèrent ensuite, firent construire hors de ses murs des abbayes qui furent ensuite environnées de maisons, lesquelles formèrent peu à peu de petits bourgs. Tels furent le bourg Saint-Marcel, le bourg Nouveau, auprès de Saint-Germain-l'Auxerrois ; le bourg l'Abbé, le Beau-Bourg, auprès du Temple : c'est la troisième époque des accroissements de Paris.

Cependant, ce n'est que sous le gouvernement plus ferme et moins troublé des rois de la troisième race, que Paris commence à prendre par degré ces accroissements qui l'ont amené au point où nous le voyons aujourd'hui ; c'est à partir de cette époque seulement que les faubourgs du nord et du midi, composés de quelques maisons éparses, commencent à se réunir par des constructions intermédiaires, sont renfermés dans des enceintes qui s'élargissent de siècle en siècle, depuis la première enceinte élevée par Philippe-Auguste jusqu'à l'enceinte stratégique élevée par Louis-Philippe.

Philippe-Auguste apporte les plus grands soins à l'embellissement de la capitale : il en fait paver une partie
1184.

L'établissement de l'Université, sous Louis le Jeune, avait été une des premières causes de l'agrandissement de Paris ; la protection éclatante que son successeur Philippe-Auguste accorda à cette institution, l'estime singulière qu'il faisait des savants, et les distinctions flatteuses dont il les honorait, rendirent bientôt les écoles de Paris célèbres dans toute l'Europe. On accourut des provinces et des pays étrangers, et le quartier, appelé depuis *l'Université*, se peupla tellement, que la multitude des étudiants égalait celle des citoyens. Ce prince fit entourer Paris de murs, et dans cette clôture il renferma non-seulement une partie des bourgs déjà existants, mais des terrains vagues sur lesquels il excita ses sujets à bâtir. Dans l'espace de quarante années, ces places désertes furent couvertes d'édifices. Philippe le Bel augmenta encore l'importance de la population de Paris en rendant le parlement sédentaire.

Charles V, parvenu au trône, ordonna bientôt une nouvelle clôture du côté de la ville, depuis le bord de la rivière, où sont situés les bâtiments de l'Arsenal, jusqu'au delà du Louvre, et les derniers faubourgs furent renfermés dans cette seconde enceinte.

Jusqu'au règne de François Ier, on ne voit aucune entreprise nouvelle pour l'accroissement de Paris. Le roi restaurateur des lettres et des arts reprend tous les projets qui avaient été conçus pour l'embellissement d'une ville déjà si peuplée et si florissante. Le vieux Louvre abattu, fait place à un édifice régulier. On relève les hôtels des Ursins, de Bourgogne, d'Artois, de Flandre, de Fécamp, qui tombaient en ruines. Des rues nouvelles facilitent la communication entre la ville et les faubourgs.

Bientôt après, Charles IX enferme dans l'enceinte des nouvelles murailles le château des Tuileries élevé par Catherine de Médicis.

Henri IV fait exécuter de grands changements au quartier Saint-Antoine; par ses ordres, on achève le Pont-Neuf, et il donne au président de Harlay la partie occidentale de l'aile du Palais, à la charge par celui-ci d'y construire des maisons.

Louis XIII embellit le Marais, élève la Place-Royale, et donne à chaque rue de ce quartier le nom d'une des provinces de France.

Sous Louis XIV, une nouvelle ville paraît s'élever sur les ruines de l'ancienne; la clôture de l'Université est démolie : on joint la ville aux faubourgs. Le pont au

Change, celui de la Tournelle et le pont Rouge (depuis pont Royal), qui n'étaient que de bois, sont construits en pierre. Sur l'emplacement des petites portes Saint-Denis et Saint-Martin sont érigés de superbes arcs de triomphe. L'Hôtel des Invalides, l'Observatoire, le Louvre, des quais bordés de maisons, des places, des rues et plusieurs autres édifices publics et particuliers sont construits sous le règne du grand roi.

Les divers accroissements de Paris, sur la fin du règne de Louis XIV et pendant la minorité de Louis XV, forcèrent d'en régler de nouveau les limites.

Afin que les faubourgs ne s'étendent pas outre mesure, Louis XV défend, par une déclaration du 16 mai 1765, de construire aucun bâtiment, sous quelque prétexte que ce soit, au delà des maisons situées à l'extrémité de chaque faubourg. Par la même ordonnance, il est défendu d'ouvrir de nouvelles rues dans les faubourgs. La royauté commence à s'apercevoir que Paris devient trop grand; elle a comme un vague pressentiment que le géant peut se révolter d'un jour à l'autre, et elle tâche de l'arrêter dans sa croissance et dans sa force.

Mais l'élan est donné. Sous Louis XVI, on commence à construire le quartier de la Chaussée-d'Antin. La ferme générale fait élever l'enceinte actuelle et la plupart des bâtiments des barrières.

Sous l'Empire, tandis que le Musée s'enrichit de chefs-d'œuvre enlevés aux peuples vaincus, de vastes greniers d'abondance s'élèvent sur l'emplacement de l'Arsenal; on ouvre au commerce des vins un magnifique entrepôt sur le quai Saint-Bernard; des ponts, des quais nouveaux multiplient les communications, et quatre-vingts fontaines vont porter leurs eaux dans les quartiers de la capitale.

De vastes marchés assainissent la ville, facilitent les communications entre les marchands et les consommateurs. Napoléon 1er fait continuer les immenses constructions du Louvre, qui doivent être achevées par son neveu Napoléon III ; il fait élever la Bourse, la Colonne Vendôme, le palais du quai d'Orsay et l'Arc de Triomphe de l'Étoile.

Le plan tracé par Napoléon pour l'embellissement de Paris est adopté par les Bourbons. Sous Louis XVIII et sous Charles X, des rues nouvelles sont percées, le canal Saint-Martin s'achève ; deux nouveaux quartiers se construisent : l'un au bout du faubourg Poissonnière, l'autre aux Champs-Élysées.

Le règne de Louis-Philippe n'est pas moins bien rempli, et l'on doit à ce souverain une foule d'embellissements de tout genre, sans compter ceux qui ne l'embellissent pas, tels que les fortifications, par exemple. Louis-Philippe croit puiser sa popularité dans les souvenirs de l'Empire, et il prend à tâche de terminer ce qui a été commencé par Napoléon. L'Arc de Triomphe de l'Étoile s'élève jusqu'à son couronnement actuel, et n'a plus rien à désirer, si ce n'est peut-être le splendide quadrige qui conduira un jour le triomphe de César ; la Colonne Vendôme porte une seconde fois sur son faîte l'image impériale, et le sarcophage des Invalides reçoit les cendres de celui qui reposa longtemps sous les ombrages de Sainte-Hélène. A côté de ces restaurations impériales, le souverain de 1830 essaya quelques créations qui lui appartiennent en propre : le Palais-d'Orsay est terminé et affecté au conseil d'État ; le pont Louis-Philippe relie les deux rives de la Seine embellies de quais nouveaux, qui l'accompagnent désormais dans tout son cours à travers la capitale; les musées s'enrichissent, une colonne de bronze se dresse sur l'emplacement historique de la Bastille, et présente en lettres d'or le nom des citoyens qui ont fait de leurs corps les marches du trône de Juillet. L'Archevêché, l'église Saint-Germain-l'Auxerrois, d'autres monuments religieux sont réparés; les Tuileries occupent comme toujours des légions d'architectes. Enfin la place Louis XV, ou de la Concorde suivant les viscissitudes des temps, se peuple de colonnes rostrales, et accueille un voyageur lointain qui, à travers les siècles et les mers, visite la métropole des arts : l'Obélisque quitte l'Égypte pour les bords de la Seine, et renonce aux ruines de Louqsor pour les palais des Tuileries et du Louvre.

L'avénement de Napoléon III est venu donner un nouvel essor aux travaux de construction; l'Hôtel de Ville a été achevé; le Louvre, réparé, achevé, est réuni aux Tuileries; la place du Carrousel est nivelée, la rue de Rivoli est prolongée jusqu'à l'Hôtel de Ville. Nous ne parlons pas des rues nouvelles percées sur l'emplacement des ruelles et des impasses du vieux Paris.

VIII. — PROMENADES PUBLIQUES.

Les Champs-Élysées. — Les Boulevards. — Les Tuileries. — Le Palais-Royal. — La Place-Royale. — Le Jardin du Luxembourg. — Le Jardin des Plantes. — Le Bois de Boulogne.

De toutes les promenades de Paris, et elles sont nombreuses, les plus fréquentées et les plus belles sont les

Boulevards, les Tuileries, le Palais-Royal, le Jardin du Luxembourg, les Champs-Élysées, le Bois de Boulogne et le Jardin des Plantes.

Champs-Élysées. S'il est au monde un spectacle digne d'attirer l'attention de l'étranger, c'est la vue de ce grandiose panorama qui commence à l'Arc de l'Étoile et qui finit à la Bastille. Qu'il regarde d'abord la porte

Arc de triomphe de l'Étoile.

triomphale de Paris, cette arche monumentale qui n'a pas coûté moins de 9 millions 723,402 fr. 62 cent.

Les deux groupes, du côté de Paris, représentent *le Départ* et *le Triomphe*. *Le Départ pour l'Armée* est une magnifique composition; il y a dans ces têtes de pierre de l'élan et de l'enthousiasme : *le Triomphe* représente l'Empereur couronné par la Victoire, et ayant à ses pieds une ville vaincue. Au-dessus de lui est la Renommée ; à ses côtés la muse de l'Histoire.

Les deux groupes, du côté de Neuilly, sont : *la Résistance* et *la Paix*. *La Résistance* nous offre un jeune homme tenant un coutelas à la main : il est entre son père et sa femme qui porte sur son sein un enfant mort. Dans l'autre groupe, *la Paix*, nous voyons le taureau sauter au milieu des moissons pendant que la femme du soldat laboureur allaite son enfant plein de vie.

Au-dessus des groupes, la frise, puis les bas-reliefs, œuvre remarquable. Ces bas-reliefs représentent les funérailles de Marceau, la bataille d'Aboukir, la prise d'Alexandrie, le passage du pont d'Arcole, la bataille de Jemmapes et celle d'Austerlitz.

Sur les murs de ce grandiose édifice sont inscrits les noms de tous les généraux de la République et de l'Empire.

Arrachons-nous à la vue de ce monument qui semble bien la porte d'une ville gigantesque. Nous voici aux Champs-Élysées, la promenade du beau monde, le mail des élégances, le carrousel des riches attelages ; c'est là que défilent à une certaine heure de la journée des rubans d'équipages ; la grande dame dans sa calèche, la femme légère dans son colimaçon, le dandy dans son tilbury, puis les cavaliers qui vont au Bois et les amazones qui en reviennent. Cette avenue, qui s'étend de l'Arc de Triomphe jusqu'à l'Obélisque, du monument de Napoléon jusqu'au monument de Sésostris, voit naître la première mode et le premier bouquet. C'est aux Champs-Élysées que chaque année la capricieuse déesse tient ses assises, et c'est pour se montrer à cette royale avenue

Paris à vol d'oiseau vu du haut de l'arc de triomphe de l'Étoile.

que s'épanouissent en plein soleil tant de toilettes extravagantes (1).

Avant d'être le rendez-vous de la mode, de la parure, de la vanité et des ridicules, les Champs-Élysées étaient des terrains en pleine culture ; là où naissent, à l'heure présente, les rubans, les fleurs artificielles et les coquetteries, poussaient le blé et la pomme de terre. En 1616, Marie de Médicis avait fait construire une promenade plantée d'arbres depuis le pont de la Conférence jusqu'à Chaillot. En 1670, on planta d'arbres les terrains voisins jusqu'au faubourg Saint-Honoré, et l'on donna à cette promenade le nom de Champs-Élysées. En 1770, deux autres avenues furent plantées : l'avenue Marigny et l'allée des Veuves. Sous la Restauration, on commença à construire sur les terrains marécageux qui se trouvaient entre ces deux allées le quartier de François Ier.

La longueur des Champs-Élysées, depuis l'Étoile jusqu'à la place de la Concorde, située à l'extrémité opposée, est de plus de quatre cents toises. La moindre largeur de cette promenade est de cent soixante toises environ.

C'est dans les Champs-Élysées que sont situés : le Palais de l'Exposition universelle, les cafés chantants d'été, le Jardin Mabille, le Château des Fleurs, le Jardin-d'Hiver, le Cirque de l'Impératrice.

Place de la Concorde. Voici la place de la Concorde, au milieu de laquelle s'élève l'Obélisque de Louq-

(1) Notre *Guide* se borne à indiquer ce qui est utile aux étrangers, et à provoquer leur curiosité sur ce qui peut leur plaire. Mais pour ceux qui veulent connaître Paris plus à fond et garder le souvenir de leurs impressions, nous signalons un beau livre illustré, le *Tableau de Paris*, en deux volumes grand in-4° avec plus de deux mille gravures.

sor. Si vous aimez l'art grec, les colonnades, les frontons, les feuilles d'acanthe, les plinthes, soyez satisfait. D'un côté, vous apercevez le Palais du Corps législatif, qu fait face à ce temple athénien transformé en église de la Madeleine. Voici le Garde-Meuble, le Ministère de la Marine, l'Hôtel de Crillon. Par la rue Royale, vous arrivez sur le boulevard de la Madeleine.

Boulevards: Voyez ces belles et grandes maisons : balcons ouvragés, larges sculptures encadrant les fenê-

Place de la Concorde.

tres, épais rideaux. En bas, somptueux étalages où se déploient les étoffes précieuses, les aériennes dentelles. Un peu plus loin, c'est le boulevard des Capucines, qui s'est complétement renouvelé depuis que des palais ont été bâtis sur les terrains de l'ancien Ministère des affaires étrangères. Deux pas encore, et vous êtes sur le boulevard Italien, qu'on nomme aussi le boulevard de Gand. Ce boulevard est le centre de Paris. C'est là que passent, par les beaux jours d'été, les toilettes éclatantes, les frais chapeaux, les fleurs multicolores. Tortoni, le Café de

Paris, le Café Riche, échelonnent des sièges pour les dames, des banquettes et des tables mobiles pour les adorateurs du punch glacé, du cigare et de la littérature quotidienne. Cette promenade offre le coup d'œil d'un fleuve d'habits noirs émaillé de robes de soie, qui passe et repasse.

Boulevard des Italiens.

Les beautés à la mode descendent sémillantes par les rues Laffitte, Lepelletier, Taitbout, du Helder, vomitoires ouverts à propos pour servir de communication entre les nids charmants du quartier Bréda et l'arène du boulevard. L'Opéra est à deux pas dans la rue Lepelletier. L'Opéra-Comique a une entrée sur le boulevard même. Promenez-vous en passant dans le passage de l'Opéra, un passage bien déchu aujourd'hui.

Le boulevard Montmartre continue les gloires et les splendeurs du boulevard Italien. C'est à sa gauche et à sa droite qu'aboutissent le passage Jouffroy et le passage des Panoramas, labyrinthes de galeries vitrées, reluisantes, regorgeant d'or, palais de cristal, expositions permanentes du luxe et de l'industrie. Au coin du boulevard Montmartre est situé le Jockey-Club; au milieu, le théâtre des Variétés.

Le boulevard Poissonnière n'est déjà plus une contrée purement patricienne, et ce n'est pas encore un quartier démocratique. Les magasins étincelants sont remplacés par des boutiques coquettes, mais d'une coquetterie san orgueil. Aux restaurants fréquentés par les Lucullus et les Apicius du temps succède une cuisine plus modeste. A droite est le Bazar de l'Industrie française, qui contient deux étages de boutiques d'autant plus séduisantes, qu'elles exposent aux regards du promeneur toutes leurs richesses variées. Au milieu de ce boulevard, on remarquera la maison monumentale dite du Pont-de-Fer, une sorte de phalanstère qui contient un café chantant, des salons de lecture, de coiffure, des estaminets et le Bazar de voyage, diminutif de la célèbre maison Mosès de Londres.

Nous voici maintenant sur le boulevard Bonne-Nouvelle, le boulevard des cafés et des estaminets. A gauche s'élève le théâtre du Gymnase, cette première arène de M. Scribe.

Sur le boulevard Saint-Denis, échelonné de boutiques d'horlogerie et d'orfévrerie, nous nous arrêtons un instant devant l'arc de triomphe élevé à la gloire de Louis XIV. Rien n'a été épargné par le prévôt des marchands et les échevins de 1672 pour embellir cette page de pierre consacrée au dieu mortel du XVIIe siècle. L'architecte François Blondel, qui était en même temps un intrépide général, a fait, avec l'aide des sculpteurs Girardon, François et Michel Anguier, de cette porte Saint-Denis, une œuvre vraiment grande au point de vue de l'art.

Porte Saint-Denis.

Entre les faubourgs Saint-Denis et Saint-Martin, vastes laboratoires de la grande ville, immenses entrepôts du commerce et de l'industrie, rues toujours pleines de bruit et de mouvement, le boulevard n'intéresse que par sa physionomie populaire. Ici, l'habit coudoie la blouse. Ce n'est plus le cigare que l'on fume sur le trottoir, c'est la pipe.

Sur le boulevard Saint-Martin, tout est événement. La population ouvrière de Paris est essentiellement flâneuse quand elle est hors de l'atelier. Tout ce qu'elle voit la frappe; tout ce qui se passe l'intéresse : un *Omnibus* qui se brise, un cheval qui s'abat, deux cochers qui se disputent, font un rassemblement. La Porte Saint-Martin est le portique de ce boulevard. Ce monument, bien inférieur en richesse et en élégance au chef-d'œuvre du mestre de camp Blondel, fut aussi élevé à la gloire de Louis le quatorzième, sur les dessins de Pierre Rollet. L'architecture de cet édifice est en bossages rustiques vermiculés, avec des bas-reliefs dans les tympans, et un grand entablement dorique surmonté d'un attique. Un des bas-reliefs représente Louis XIV sous les traits d'Hercule.

A l'entrée de ce boulevard est un des théâtres de drames et de mélodrames les plus célèbres, le théâtre de la Porte-Saint-Martin. Sur le même côté, un peu plus loin, un autre théâtre, l'Ambigu-Comique. Entre la Porte-Saint-Martin et l'Ambigu, il n'y a qu'un assez court intervalle occupé par de petites boutiques appropriées au voisinage des deux théâtres : c'est le marchand de vin, le débitant de tabac, le pâtissier, les cafés et la librairie spéciale du mélodrame. Au delà de l'Ambigu est le Château-d'Eau, une fontaine composée de trois bassins concentriques superposés. Quatre lions accroupis dans le bassin inférieur lancent des jets d'eau de leur gueule.

Nous abordons au boulevard du Temple, connu aussi sous le nom de boulevard du Crime, à cause des crimes qui se commettent régulièrement chaque soir, entre huit heures et minuit, sur les différentes scènes dramatiques situées sur ce boulevard. Pendant le jour, que de scènes curieuses sur cette mer d'asphalte! que de spectacles imprévus! mais le soir... c'est un bien autre coup d'œil! Le Théâtre-Lyrique, le Cirque-Olympique, la Gaieté, les Folies-Dramatiques, les Folies-Nouvelles, les Funambules, étalent leurs transparents gigantesques, et rivalisent de feux, de pompe et d'impression, pour annoncer les choses les plus extravagantes qui ont passé par le cerveau de toute une race de charpentiers dramatiques. C'est sur le boulevard du Temple que l'étranger doit venir contempler ces *queues*, qui n'existent qu'à Paris. Et d'abord, me direz-vous, qu'est-ce que vous entendez par ce mot *queue* ? Une réunion de plusieurs centaines de blouses et d'habits attendant à la porte d'un théâtre que ce théâtre s'ouvre, et constituant les longs serpents dont chaque écaille est un être humain, serpents qui par le chaud, par le froid, par le vent, la pluie ou la grêle, se re-

Boulevard du Temple.

plient, s'enroulent, s'entortillent en mille façons, la tête immobile, devant une barrière qui ne s'ouvre qu'à heure fixe. Vous verrez aussi les cosmopolites marchands de coco, les crieurs de programmes et les vendeurs de rafraîchissements au rabais. Tout ce monde-là tourne, voltige, hurle, crie, se bat, se dispute, s'injurie, tant que le théâtre n'a pas absorbé, par ses étroits conduits, sa marée montante de spectateurs. Au bout du boulevard du Temple est le Cirque-Impérial.

Au boulevard des Filles-du-Calvaire, qui fait suite au boulevard du Temple, changement complet de décoration. Là, des ateliers d'ébénisterie et de sculpture sur bois, des boutiques où l'on scie, au plus juste prix, dans la pierre ou le marbre, des pans ou des couvercles de tombeaux. Il sort des ateliers et des entrepôts des Filles-du-Calvaire d'élégants meubles d'ébène, ciselés et fouillés, et des bahuts de chêne massifs, solides, enguirlandés de feuillage, hérissés de figures héraldiques, blasonnés d'armoiries et de symboles parlants qui feraient rêver une châtelaine du vieux temps.

Il y a quelques années à peine, le boulevard Beaumarchais n'existait pas ; aujourd'hui, il est resplendissant de maisons qui ressemblent à des palais. Ce boulevard doit son nom à l'illustre auteur du *Mariage de Figaro*, qui y possédait une maison qu'on a détruite dans ces derniers temps.

Bastille. Les boulevards s'arrêtent à cette place où fut la Bastille. Commencée par Philippe-Auguste, cette prison célèbre reçut de Louis XI les derniers embellissements : cages en charpentes *bouzonnées* en fer, avec le haut évasé et le bas rétréci en entonnoir, afin qu'on ne pût s'y tenir qu'accroupi ; boulets enchaînés aux pieds des captifs, et autres raffinements.

La Bastille vit bien des prisonniers illustres à tous les titres se succéder sous ses voûtes noircies : grands seigneurs, prélats, financiers, diplomates, écrivains, poëtes, s'y rencontrèrent bien des fois. En butte à une exécration qui grossissait de siècle en siècle, la Bastille tomba au premier coup du tocsin de la révolution française.

Aujourd'hui, la Colonne de Juillet domine cette place

vaste et belle. Elle étale au soleil les lettres d'or qui font rayonner tout le long de son fût les noms des victimes. Au sommet, le Génie de la Liberté semble planer et prendre son vol, les bras étendus vers l'horizon; à l'intérieur, un escalier à

Colonne de Juillet.

vis conduit jusqu'à la balustrade dont elle est couronnée.

Tuileries. Passons à la promenade des Tuileries.

Henri II, blessé dans un tournoi par le comte de Montgomery, étant mort à l'hôtel des Tournelles, Catherine de Médicis abandonna ce palais, et jeta les fondements d'un nouvel édifice qui conserva le nom de Tuileries, à cause des tuiles qui se fabriquaient sur les terrains occupés aujourd'hui par le pavillon du milieu. En 1664, Louis XIV chargea Levau de terminer le palais des Tuileries.

Jusqu'à l'époque de la Révolution, le palais ne fut le théâtre d'aucun événement important. Louis XVI habitait Versailles lorsque le peuple ameuté alla l'y chercher.

Palais des Tuileries.

Le roi vint occuper les Tuileries le 6 octobre 1789. Le 20 juin 1792, le peuple envahit les Tuileries pour présenter lui-même des pétitions au roi, qui fut coiffé du bonnet rouge. Cette triste journée servit de prélude à celle du 10 août. Cette fois, la foule pénétra dans le palais le fer à la main. Sous la première république, les Tuileries prirent le nom de Palais-National. On y construisit la salle de la Convention : c'est dans cette salle que fut prononcée, le 20 janvier 1793, la sentence de cette assemblée qui condamnait Louis XVI à mort. Le Conseil des Anciens remplaça la Convention. Napoléon, consul et empereur, habita le palais. La famille des Bourbons y demeura également sous la Restauration. Le 29 juillet 1830, vers midi, le peuple attaqua les Tuileries, et, les troupes royales vaincues, Charles X partit pour l'exil. La branche cadette des Bourbons, qui resta dix-huit années aux Tuileries, finit comme la branche aînée. En février 1848, des hommes armés s'en emparèrent, et y restèrent casernés pendant trois semaines. L'année suivante, le palais des Tuileries servit de salle d'Exposition de peinture. Le palais des Tuileries est aujourd'hui la résidence officielle de l'Empereur.

Le Jardin des Tuileries n'offre guère l'aspect d'un véritable jardin ; on n'y trouve ni accidents pittoresques, ni riantes perspectives, ni vastes pelouses. Ce n'est, à vrai dire, qu'une immense promenade sablée et plantée.

Et cependant c'est un des plus charmants endroits de Paris ; c'est une des promenades où l'on rencontre le plus beau monde ; vous y trouverez des massifs de marronniers où vous pourrez rêver tout à votre aise, à deux pas de la foule qui se presse dans les grandes allées ; vous verrez

Jardin des Tuileries.

dans les bassins de marbre frétiller des légions de poissons de la Chine, qui font l'admiration des bourgeois attroupés sur la rive. Du haut de la terrasse du bord de l'eau, vous jouirez du plus charmant coup d'œil; dans l'allée des orangers, cette promenade favorite des jeunes gens qui viennent sourire à des amours écloses l'hiver sous les lustres, vous assisterez à la grande exhibition des demoiselles à marier tenues en laisse par leurs mères. Vous admirerez ce peuple de héros, de dieux, de déesses, de néréides, qui sont nés sous le souffle de l'inspiration des artistes. Vous verrez les petits garçons et les petites filles sauter à la corde, jouer au cerceau ou au ballon, et si vous ne trouvez pas, par un beau soleil, à passer une heure agréable dans ce Jardin des Tuileries, c'est que vous êtes malade ou misanthrope.

Palais-Royal. De toutes les promenades parisiennes, celle où nous entrons maintenant est la moins champêtre et la moins naturelle. Quelques lignes d'arbres d'un âge encore tendre et d'une santé équivoque, quelques plates-bandes, un assez petit bassin, tels sont les charmes agrestes du jardin du Palais-Royal; c'est la moins fraîche des oasis parisiennes. Aussi le Parisien amoureux n'a-t-il jamais hanté ce square ouvert aux impétueux courants de la multitude. Il le traverse, il n'y séjourne pas.

Vu de la place, le palais ne manque pas d'élégance. Jacques Lemercier en fut l'architecte; mais Anne d'Autriche et *Monsieur*, frère de Louis XIV, remanièrent successivement l'hôtel de Richelieu. L'histoire de ce palais se retrouve dans les différentes dénominations qui lui ont été imposées. Sous Richelieu, son fondateur, il l'intitule orgueilleusement Palais-Cardinal; il devient, sous Anne d'Autriche, au moment où Louis XIV enfant

Jardin du Palais-Royal.

l'habite, le Palais-Royal. Au temps de la République, il abrite ses magnificences sous le nom de Palais-Égalité, deux mots qui se regardent l'un l'autre avec étonnement; il emprunte à de nouveaux événements la dénomination de Palais du Tribunat; après 1848, il est le Palais national, puis, après toutes ces vicissitudes, il retrouve son nom de Palais-Royal, qu'il ne justifia qu'un moment. Le Palais-Royal est habité aujourd'hui par le prince Jérôme Bonaparte, oncle de l'Empereur.

Le Palais-Royal est un monde tout entier, une ville enclavée au milieu de Paris; c'est un bazar perpétuellement ouvert. La bijouterie, la librairie, la gastronomie y tiennent leurs assises. C'est dans une des galeries qu'étaient naguère les salles de jeux. Sous le péristyle Montpensier, se dresse un des plus désopilants théâtres de Paris, le théâtre du Palais-Royal.

Place Royale.

Place Royale. La Place-Royale est la promenade des bourgeois du Marais; elle a été bâtie par Henri IV. Cette place, aujourd'hui peu fréquentée, a été le mail des élégants et des élégantes sous Louis XIII, dont la statue en marbre blanc se dresse au beau milieu. Les belles grilles qui entourent cette place furent posées sous le règne de Louis XIV. En 1783, le prévôt des marchands la fit planter d'arbres. Dans ces derniers temps on a enrichi la Place-Royale de quatre gracieuses fontaines et d'un pareil nombre de jardinets qui les entourent d'une corbeille de verdure et de fleurs.

Luxembourg. Le palais du Luxembourg est l'œuv r

Palais du Luxembourg.

de Jacques de Brosse, qui reçut de Marie de Médicis l'ordre de bâtir un palais qui rappelât le palais Pitti à

Florence. Si ce palais manque de cette légèreté et de cette élégance poétique qui, dans les édifices moresques par exemple, résultent de la délicatesse et de la riche multiplicité des détails, il offre cependant, dans cette pesanteur relative, une certaine grâce qui est celle de la force et de la solidité. L'architecture du palais du Luxembourg n'est pas des plus délicates, des plus ouvragées et des plus brillantes, mais il en est peu qui la surpassent par la juste proportion de ses membres, sa robuste apparence et ce je ne sais quoi de sobre qui satisfait le goût.

Ce palais eut un jour pour hôtesse la grande Mademoiselle, puis ensuite la duchesse de Berry, fille du régent; revenu au domaine royal, il fut donné par Louis XVI à son frère le comte de Provence, depuis Louis XVIII; il fut ensuite le palais des directeurs. Le sénat conservateur y tint ses séances sous l'Empire. Sous la Restauration et sous le règne de Louis-Philippe, ce fut la chambre des pairs qui y siégea. Aujourd'hui le Luxembourg est le palais du Sénat.

La plus grande dimension du palais du Luxembourg est de cent quatre-vingts pieds, et la moindre est de cent cinquante pieds. Son plan général forme un carré presque exact dont toutes les parties sont en symétrie les unes avec les autres. Sa simplicité répond à sa régularité : il consiste en une très-grande cour environnée de portiques et flanquée dans ses angles de quatre bâtiments carrés qu'on appelle pavillons. La partie la moins heureuse de la disposition générale consiste, sur le jardin, dans la répétition de deux pavillons qui de ce côté composent la façade. Le palais du Luxembourg renferme un musée de tableaux des artistes vivants. Nous parlerons ailleurs de ce musée.

DANS PARIS.

Jardin et Palais du Luxembourg

Le jardin du Luxembourg, cette promenade de la rive gauche où viennent s'ébattre les étudiants, est vraiment beau. C'est d'abord un parterre garni de fleurs, d'arbustes et de gazons qui se déroulent en face du palais, enfermant dans sa partie centrale un bassin octogone. A droite et à gauche, des talus soutiennent des terrasses ombragées ; ces talus, plantés de rosiers et clos par une double balustrade de fer, vont se replier à la grande ligne de l'Observatoire, flanquée elle-même de deux immenses pépinières. Les abords des terrasses sont ornés d'arbustes charmants qui vous envoient leurs haleines embaumées et une pluie de fleurs au moindre vent. Vous retrouvez là le faux ébénier aux grappes d'or, l'épine rose au doux arôme, l'aubépine qui fait souvenir des champs ; tout cela fortifié par une arrière-garde de marronniers gigantesques qui, au mois de mai, portent vers les nues, comme des vases parfumés, leurs blanches girandoles.

Jardin des Plantes. C'est du haut du labyrinthe qu'il aut embrasser l'étendue du Jardin des Plantes. L'horizon qu'on découvre de cette éminence est un des plus beaux que l'on puisse contempler à Paris ; lorsque le soleil étincelle dans l'espace et projette ses gerbes de lumière sur les dômes et les clochers des églises, sur les toits ardoisés de la grande ville, on reste un instant ébloui. Le regard plonge dans cette vaste étendue, puis se repose ensuite sur ces masses de feuillage qui se déroulent dans l'enceinte de ce magnifique jardin.

Dans ce jardin, un des plus beaux, des mieux plantés et des plus riches de l'Europe, l'étranger pourra voir tour à tour les plantes les plus rares et les animaux les plus variés. C'est d'abord la fosse aux ours, puis les bre-

DANS PARIS. 57

Vue générale du Jardin des Plantes.

bis d'Abyssinie, les moutons d'Islande, les rennes de Laponie, l'éléphant, les lions, les hyènes, les oiseaux, les serpents. Qu'il aille admirer le palais des singes, et il y verra tous ces hôtes grimaciers agir à leur guise. Heureux peuple! heureux animaux! ils ont obtenu, grâce à leur effroyable ressemblance avec l'homme, ce que la société ne peut donner à tous ses enfants : du pain et un toit.

Quand on a parcouru toutes les allées du jardin, quand

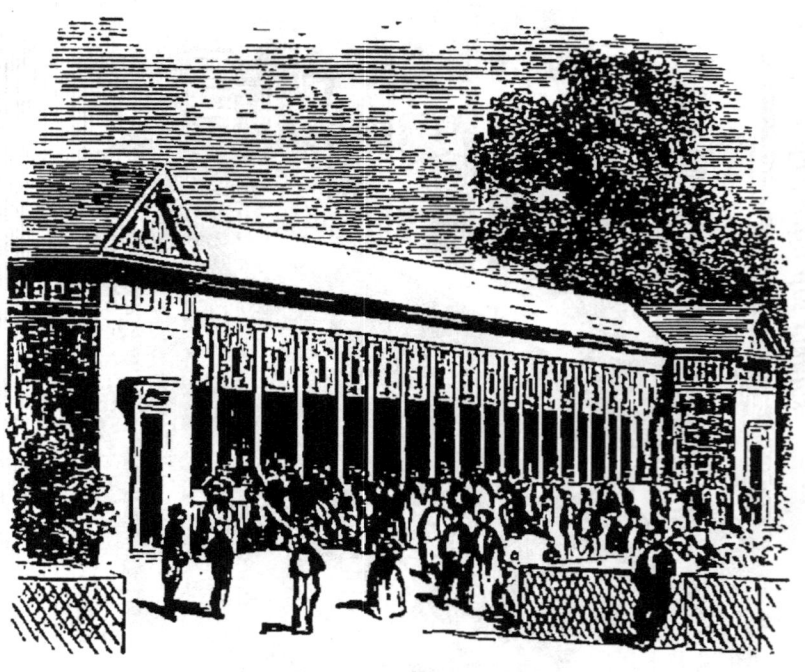

Ménagerie du Jardin des Plantes.

on a vu tous ces animaux aux formes et aux mœurs si diverses; quand on a respiré le parfum de ces fleurs recueillies sur tous les points du globe, on a encore à visiter les serres fermées dans lesquelles sont rassemblées toutes les fleurs et toutes les plantes exotiques.

Sur la présentation de leur passe-port les étrangers obtiennent de l'administration des cartes qui leur permettent d'entrer au cabinet d'histoire naturelle les lundi, jeudi et samedi de chaque semaine, de onze heures à deux heures. Le muséum est en outre ouvert au public le mardi et le vendredi, de deux heures à cinq heures.

Le cabinet de zoologie est un des plus complets qu'il

Cèdre du Liban.

y ait au monde. Les animaux y sont empaillés avec le plus grand soin et placés dans des armoires vitrées, hermétiquement fermées, afin de préserver leurs robes délicates et brillantes de l'attaque des insectes destructeurs. Une étiquette apprend aux visiteurs les noms génériques et spécifiques de chaque animal, le nom de l'auteur qui l'a décrit, la partie de la terre où son espèce se trouve.

Il y a la salle des singes, des orangs, des gibbons aux longs bras; viennent ensuite les ours, les lions, les tigres et autres individus de la grande race féline, tous admirables par leur robe mouchetée ou rayée. Puis les civettes, les hyènes, les loups arrêtent un moment les regards; mais les éléphants, les girafes, les rhinocéros, les hippopotames et autres grands animaux fixent surtout l'attention.

Dans les galeries d'ornithologie on admirera les vives couleurs des colibris, la grande stature des autruches, le plumage si varié des perroquets, des faisans, de l'euphone, la dimension des aigles, des grands-ducs, etc.

De là on passe dans la galerie consacrée à la conservation des reptiles et des poissons, puis dans les salles où sont réunies les collections de crustacés, d'arachnides, de myriapodes et d'insectes de toutes sortes; puis dans les salles affectées aux collections conchyliologiques.

A la suite du cabinet enfermant les animaux qui vivent aujourd'hui sur le globe, on visitera celui des fossiles, renfermant les derniers restes de ces animaux étranges qui peuplaient la terre à des époques antédiluviennes.

Le Cabinet d'anatomie comparée n'est ouvert au public, sur la présentation de billets, que le lundi et le samedi depuis onze heures jusqu'à deux. On y voit, outre un grand nombre de pièces naturelles ou artificielles d'anatomie humaine, une foule de squelettes d'animaux.

La seconde salle renferme des squelettes humains : on remarque celui de Soliman-el-Haleby, l'assassin du général Kléber; celui de Bébé, le célèbre nain du roi Stanislas, le squelette de la Vénus Hottentote morte à Paris.

Une salle est consacrée à la myologie : on y voit des écorchés, en cire ou en plâtre colorié, d'hommes ou d'animaux. Puis vient la collection craniologique du docteur Gall.

Le Cabinet de botanique n'ouvre sa porte que le jeudi à quatre heures. Ce Cabinet possède des herbiers parfaitement conservés et très-complets.

Le Cabinet de minéralogie se divise en deux parties distinctes : la partie des minéraux et la partie des métaux.

On peut visiter aussi l'Amphithéâtre des cours des professeurs et l'Amphithéâtre de dissection.

La Bibliothèque est ouverte au public, en été, de onze heures à trois tous les jours, excepté le dimanche ; en hiver, les mardi, jeudi et samedi aux mêmes heures. Elle se compose actuellement de vingt-huit mille volumes sur l'histoire naturelle, la botanique, la physique, la chimie, la minéralogie, la géologie, la paléontologie, la physiologie humaine comparée, l'anatomie humaine, l'anatomie et la physiologie comparées, la zoologie, etc., etc.

C'est particulièrement depuis trente ans que le Muséum et le Jardin des Plantes sont parvenus au degré de magnificence qui les distingue parmi les établissements du même genre que l'on cite en Europe.

Bois de Boulogne. Nous allons d'un bout à l'autre de Paris dans cette promenade au pas de course ; nous voici au bois de Boulogne, une promenade élégante placée en dehors des murs d'enceinte, et où le beau monde va se promener à cheval et en voiture. Ce bois est situé entre Passy, Auteuil, Boulogne et Neuilly. On a improvisé tout dernièrement dans ce bois un lac et une jolie rivière. On y trouve un bon restaurant qu'on appelle le *Restau-*

rant de Madrid, et l'on peut y voir le château de Bagatelle, dont le propriétaire actuel est lord Hertford, et le château de la Muette, qui appartient à M. Érard.

IX. — PALAIS.

Nous avons parlé des palais des Tuileries, du Luxembourg et du Palais-Royal dans le chapitre des *Promenades publiques;* pour ne pas faire de répétition, nous ne reviendrons pas sur ces trois édifices, et nous commencerons par le Louvre cette nouvelle série.

Louvre. — L'existence du Louvre remonterait à Dagobert, s'il fallait en croire une charte de ce roi citée par Duboullay dans l'*Histoire de l'Université*. François Ier fit abattre le vieux Louvre, et reconstruisit sur son emplacement un nouvel édifice. Ce fut sur les plans de Pierre Lescot que l'on commença ce palais. Henri II l'augmenta d'une aile qui s'étend au midi du côté de la rivière. L'escalier et la belle salle des Cariatides ont été également bâtis par Henri II. Les sculptures sont dues au ciseau de Jean Goujon. Sous le règne de Charles IX fut construite l'aile qui existe aujourd'hui du côté du Jardin de l'Infante.

Les bâtiments qui forment l'entrée du Musée furent achevés par Henri IV qui le premier eut la pensée de réunir le Louvre aux Tuileries. Ce prince acheva la partie qui borde la rivière. Louis XIII termina le pavillon de l'Horloge; il entreprit les deux autres corps de bâtiments, au nord et au levant, et prolongea celui du midi. Louis XIV voulut aussi avoir la gloire d'achever le Louvre, il approuva un projet de Perrault, et l'on se mit à l'œuvre; mais les dépenses excessives des bâtiments

Le Louvre et les Tuileries; vue prise à vol d'oiseau de la rue de Rivoli.

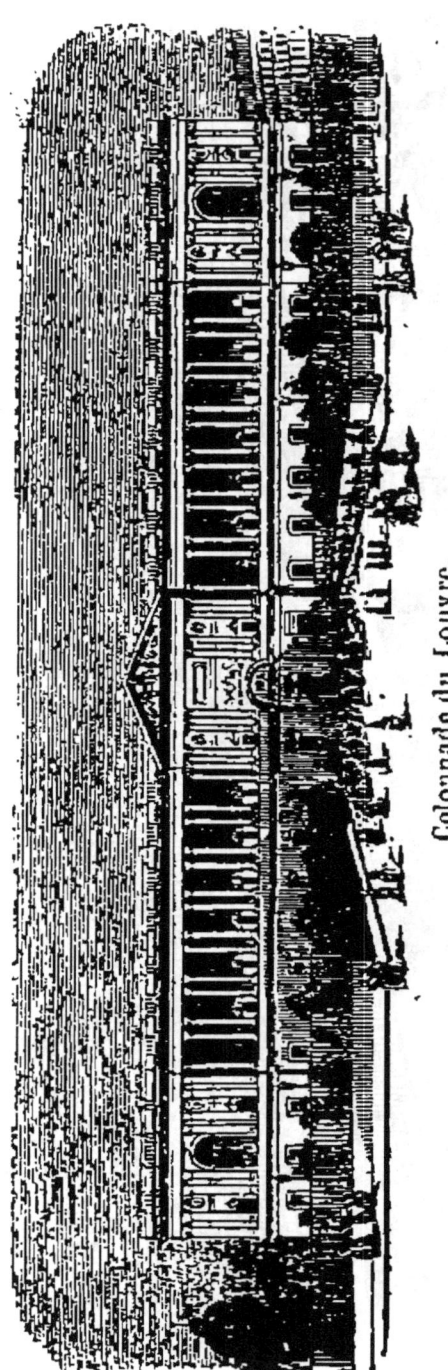

Colonnade du Louvre.

de Versailles firent suspendre les travaux du Louvre. Louis XV voulut continuer ce palais. Gabriel et Soufflot furent chargés successivement d'en diriger les constructions d'après les projets de Perrault. On bâtit alors le troisième ordre de la face intérieure derrière la colonnade, le fronton de la cour du midi, celui du nord et le vestibule qui donne sur l'emplacement où se trouvait la rue du Coq. Louis XVI pensa aussi à achever le Louvre lorsque des troubles politiques survinrent.

Napoléon résolut de terminer un palais à la construction duquel avaient concouru sept rois ses prédécesseurs. Les travaux furent repris, mais l'empire disparut, et le Louvre resta inachevé.

Sous le règne de

Louis-Philippe, il fut souvent question d'opérer la jonction du Louvre avec les Tuileries; mais ces projets furent toujours ajournés. Quand la République fut proclamée en 1848, un décret ordonna la continuation des travaux. Ce décret, comme tant d'autres, ne fut point exécuté. Enfin, c'est à Napoléon III qu'était réservé l'honneur de mettre la dernière main à ce grand palais du Louvre, qu'on peut considérer comme achevé aujourd'hui. La même enceinte renfermera bientôt, avec la demeure du chef de l'État, trois ministères, les télégraphes, l'imprimerie impériale. Niveler la place du Carrousel, sans enfouir, malgré l'infériorité du sol, les soubassements de la galerie de Henri II, couvrir le défaut de parallélisme du pavillon de l'Horloge et du pavillon opposé; revêtir les constructions nouvelles d'une forme qui fût à la fois en harmonie avec l'architecture du Louvre et avec celle des Tuileries, tel était le problème à résoudre. L'achèvement du Louvre a été fait sur les plans de Visconti.

On trouvera la description du musée du Louvre au chapitre *Musées*.

Hôtel de Ville. — Passons du palais des rois au palais du peuple, à l'Hôtel de Ville.

La hanse parisienne occupait anciennement une maison située à la vallée de Misère, sur le bord de la Seine, à l'ouest du grand Châtelet. Plus tard, la hanse eut une autre maison qui prit le nom de *Parloir aux bourgeois*, et qui s'élevait près de l'enclos des Jacobins, c'est-à-dire vers l'endroit où la rue Saint-Hyacinthe aboutit à la place Saint-Michel.

En 1337, le corps des officiers municipaux acheta une grande maison située à la place de Grève, puis l'acquisition d'autres maisons environnantes fut faite peu à peu, et la ville décida alors que ces vieilles constructions seraient démolies, et que sur leur emplacement on élèverait un monument digne du pouvoir municipal de la capitale de la France.

Ce fut en 1532 que le projet du nouvel édifice fut définitivement arrêté, et, le 15 juillet de l'année suivante, la première pierre en fut posée par Pierre Nielle, prévôt des marchands. De même que presque tous les grands monuments de Paris l'Hôtel de Ville n'a été construit que lentement et à plusieurs reprises; il ne fut achevé qu'en 1605, François Miron étant prévôt des marchands et Henri IV roi de France.

L'ancienne façade de l'Hôtel de Ville présente un corps de bâtiments flanqué de deux pavillons, et dont les combles, suivant la mode du temps, sont d'une grande hauteur. Cette façade, percée de treize fenêtres au premier étage, est surmontée d'un campanile très-élégant.

La cour est entourée de portiques et a la forme d'un trapèze.

Sous l'arcade qui fait face à l'entrée de l'Hôtel, on voit la statue pédestre du grand roi, œuvre d'Antoine Coysevox; Louis XIV est vêtu en triomphateur romain.

Tel qu'il était, cet Hôtel de Ville ne suffisait pas aux besoins de l'administration. En 1836, un projet fut adopté pour l'agrandissement et l'embellissement de ce palais qui est complétement achevé aujourd'hui. Les dépenses pour les nouvelles constructions, en y comprenant les frais d'ameublement, de décorations, de peintures, se sont élevées à plus de 15 millions.

L'intérieur de l'Hôtel de Ville est magnifiquement décoré, et l'ameublement en est d'une richesse splendide. Il serait trop long de rapporter tous les événements dont

Hôtel de Ville.

ce palais, qui a vu les scènes les plus sanglantes de la révolution, a été le théâtre.

Place de Grève. — Ne quittez pas l'Hôtel de Ville sans jeter un regard sur cette place où vous vous trouverez en contemplant l'extérieur de l'édifice; cette place, c'est l'ancienne place de Grève, qui fut pendant si longtemps un lieu patibulaire : c'est là que furent roués écartelés Ravaillac, Cartouche, Damiens; c'est là que furent exécutées ces deux célèbres empoisonneuses, la Brinvilliers et la Voisin.

Palais de Justice. — Nous sommes maintenant au

Palais de Justice.

Palais de Justice, dont Eudes, le premier des Capétiens, jeta, dit-on, les fondements. Saint Louis y fit construire la salle qui porte son nom, la grand'chambre et la Sainte-Chapelle. Quelques années plus tard, Philippe le Bel fit faire de nouvelles constructions qui ne

Tour de l'Horloge.

urent terminées qu'à l'avénement de Louis le Hutin, en 1313. C'est de cette époque que date l'installation définitive du parlement dans le Palais de la Cité.

En 1618, un incendie détruisit complétement la grande salle. Quatre ans après, Jacques Debrosses, habile architecte, éleva à la place celle qui existe aujourd'hui sous le nom de Salle des Pas-Perdus. Un second incendie ayant dévasté la partie du Palais qui s'étend entre la Seine et la Sainte-Chapelle, tout a été reconstruit à neuf, aéré, dégagé, et le vieux monument prend sur ce point principalement une physionomie remarquable.

Une des principales annexes du Palais de Justice, c'est la Conciergerie, prison provisoire, où l'on enferme les prévenus à la veille de leur jugement devant la cour d'assises. Quelle histoire que celle de la Conciergerie! si l'on pouvait recueillir tout ce qui s'est passé de terrible, de douloureux, d'inconnu sous ces épaisses murailles. On verra la basse-fosse où était renfermé Damiens, la chambre, aujourd'hui transformée en chapelle expiatoire, où fut détenue Marie-Antoinette au moment de comparaître devant le tribunal révolutionnaire.

La Sainte-Chapelle, si célèbre à tant de titres diffé-

Le Sainte-Chapelle.

rents, remonte au plus beau moment de l'âge gothique en architecture.

N'oublions pas de dire que les écrivains publics établis dans la salle des Pas-Perdus servent volontiers de *ciceroni*, et que, moyennant une légère pièce de monnaie, ils ne négligent rien pour satisfaire le visiteur.

Hôtel des Invalides. — Louis XIV érigea, par ses édits de 1670, 1674 et 1675, la magnifique fondation où les vieux serviteurs de l'État ont depuis lors trouvé asile. L'hôtel s'éleva sur les plans de l'architecte Libéral Bruant; l'église et le dôme, sur les plans de Jules Hardouin Mansard.

Cet hôtel, qui comprend vingt-trois cours et une masse de bâtiments énormes, présente sur l'esplanade

Hôtel des Invalides.

une façade imposante de plus de 600 pieds de longueur, qui regarde le septentrion et compte quatre étages avec 130 fenêtres.

La cour d'honneur, qu'entourent deux étages d'arcades, est d'un aspect majestueux. Sa longueur est de 390 pieds sur une largeur de 192.

En avant de l'hôtel s'élève une esplanade de 102 toises de longueur, flanquée de fossés s'ouvrant par une vaste grille et armée de canons pacifiques, habitués à tonner pour toutes les gloires.

Aux deux côtés de l'esplanade sont rangés, sous une allée de tilleuls, de petits jardinets cultivés par les plus ingambes des vétérans. La plupart de ces jardinets sont décorés d'une statue qui représente invariablement les traits de Napoléon.

L'Hôtel des Invalides contient aujourd'hui 6,000 habitants ; il peut en recevoir jusqu'à 10,000.

Une visite à l'Hôtel des Invalides est un des devoirs que s'impose tout étranger qui passe seulement huit jours à Paris. Il voit les dortoirs, le réfectoire, la bibliothèque, l'église pavoisée de drapeaux enlevés à toutes les nations, les tombeaux des généraux et des maréchaux enterrés sous les dalles, et enfin le monument funéraire de Napoléon.

École Militaire. — L'École Militaire est une fondation de Louis XV, qui avait voulu offrir un asile aux orphelins dont les pères étaient morts au service du roi dans les armées, et former en même temps de jeunes officiers, en les initiant aux diverses parties de l'art de la guerre. A la Révolution, l'École Militaire, envahie par le peuple, perdit sa bibliothèque, composée de cinq mille volumes ; tous les biens qui formaient sa dotation furent vendus, et elle devint une caserne de cavalerie.

Aujourd'hui, l'Ecole Militaire n'est donc plus qu'une caserne, mais une des plus belles qu'on puisse voir : elle renferme constamment un parc d'artillerie et une ou plusieurs batteries de cette arme.

La façade de l'École Militaire donne sur le Champ-de-Mars, qui a à enregistrer dans ses annales bien des événements : les fédérations de 1790, 91, 92, les cérémonies funèbres de la révolte de Nancy, l'inauguration de la Constitution de 1793, la mort de Bailly, les fêtes des *Victoires*, de *l'Être Suprême*, de *l'Agriculture*, du 10 *août*, de *la Vieillesse*, le *Champ de Mai*, le *mariage du duc d'Orléans*, et enfin les fêtes de la seconde république; et ceci n'est que l'histoire extraordinaire. Dans les intervalles, le Champ-de-Mars sert de stade pour les courses de chevaux, de lieu d'exercice, de parade, de revue de troupes, et enfin de théâtre pour diverses expériences, comme les ascensions aérostatiques, les essais de locomotion aérienne, et tout ce que peut concevoir la cervelle des gens audacieux qui marchent sur les traces de Montgolfier et de Pilatre des Rosiers.

École Militaire.

Élysée Napoléon. Madame de Pompadour, le marquis de Marigny son frère, le célèbre financier Beaujon, occupèrent et embellirent le palais de l'Élysée, construit par l'architecte Molier, en 1718, pour le comte d'Évreux; la duchesse de Bourbon l'habita et lui donna son nom. On

Élysée Napoléon.

y donnait des bals publics sous la République. Murat et Napoléon devinrent successivement ses hôtes; Wellington et l'empereur de Russie ne firent qu'y passer; la duchesse de Berry leur succéda. Depuis, l'Élysée a été le siège de la commission des récompenses nationales et l'habitation du président de la République.

Palais du quai d'Orsay. — Le palais où siège aujourd'hui le conseil d'État n'est point de date ancienne.

Il compte moins d'années que le siècle. Le 1ᵉʳ avril 1810, sa première pierre a été posée. Napoléon voulait faire de

Palais du quai d'Orsay.

cet édifice le palais des ambassadeurs. Les travaux ne furent réellement poussés avec ardeur qu'à partir de 1833, et ils furent terminés en 1835. C'est un édifice lourd, un peu informe, et qui ne produit un certain effet que dans la perspective. C'est là que sont installés le conseil d'État et la Cour des comptes.

Tout à côté est le palais de la Légion-d'Honneur, un des plus charmants édifices de Paris. Il fut bâti par le prince de Salm, sous le règne de Louis XVI. Le goût commençait à tourner au grec et au romain; mais dans ce style qui vise à l'antique, on trouve encore le maniéré élégant de l'époque de Louis XV. La porte d'entrée de cette bonbonnière, établie sur la rue de Lille, a la forme d'un arc de triomphe flanqué de chaque côté par une colonnade

Légion d'Honneur.

d'ordre ionique. La colonnade forme tout autour u promenoir couvert et continu. Le palais, habité par le grand chancelier de la Légion-d'Honneur, est aussi occupé par les bureaux de la chancellerie.

Palais du Corps législatif. — Voici maintenant un monument qui date de la fin du XVIIIe siècle, et qui, malgré sa jeunesse, a été témoin de bien des vicissitudes. Je veux parler du Palais-Bourbon, construit d'abord pour servir de demeure aux Condé, et qui depuis a vu se succéder dans son sein les assemblées délibérantes de tous nos gouvernements, depuis les Cinq-Cents jusqu'au Corps législatif d'aujourd'hui.

La véritable entrée de ce palais, l'entrée monumentale, n'est pas sur le bord de la Seine ; elle se trouve par derrière, sous le portique de l'ancien Palais-Bourbon. De-

Palais du corps législatif.

rant la façade du monument, on voit des statues qui représentent Sully, Colbert, de L'Hospital et d'Aguesseau.

Palais de l'Institut. — Au moment où il s'apprêtait à mourir, Mazarin fit venir deux notaires, et leur déclara qu'il avait depuis longtemps formé le dessein de fonder un collége et une académie pour l'instruction des enfants des gentilshommes ou des principaux bourgeois de Pignerol et de son territoire, d'Alsace, de Flandre et de Roussillon. Un plan fut dressé par Louis Leveau. Ce plan fut exécuté par Lambert et d'Orbay, et un palais nouveau surgit, qui s'appela Collége Mazarin ou des Quatre Nations.

Sous la Révolution, ce palais devint une maison d'ar-

Palais de l'Institut.

rêt; le comité de salut public y tint aussi ses séances. A partir du 26 octobre 1795, l'Institut y fut installé. Jusqu'à cette époque, les différentes Académies avaient siégé au Louvre.

La façade principale de cet édifice est de forme demi-circulaire; elle est composée d'un avant-corps d'ordonnance corinthienne qui en occupe le centre, et de deux ailes dont la courbe se termine en avant sur le quai. L'avant-corps, qui formait le portail d'une église, est couronné d'un fronton et surmonté d'un dôme circulaire. Le palais de l'Institut est occupé par l'Académie française, l'Académie des inscriptions et belles-lettres, l'Académie des sciences, l'Académie des sciences morales et politiques et l'Académie des beaux-arts.

Palais des Beaux-Arts. — Derrière le palais de l'Institut se trouve, dans la rue des Beaux-Arts, un des

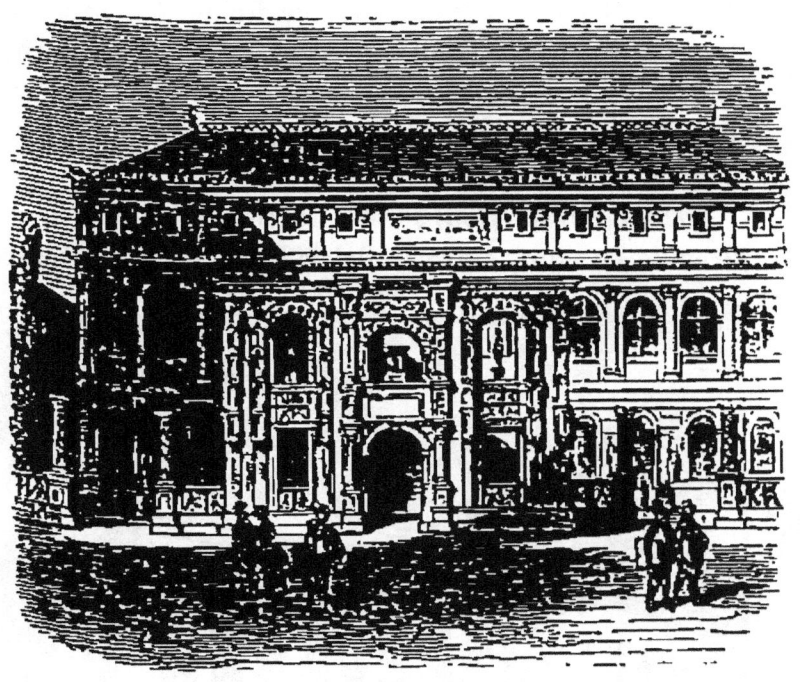

Palais des Beaux-Arts.

monuments les plus curieux de Paris : c'est le palais des Beaux-Arts. Dans la première cour, on voit à droite le portail d'Anet, ce chef-d'œuvre de Jean Goujon et de Philibert Delorme. A l'extrémité de la première cour, séparée par une balustrade de la seconde, s'élève l'arc de Gaillon, transporté là, pierre par pierre, et qui est la véritable façade de ce palais.

Dans la seconde cour, on voit, en forme de décorations, des fragments de sculpture et d'architecture, qui sont comme un spécimen de l'art français depuis l'époque gallo-romaine jusqu'au XVIe siècle.

Rien de bien remarquable dans l'intérieur de cet édifice : c'est dans les salles du rez-de-chaussée qu'ont lieu les expositions des sculptures exécutées par les élèves qui concourent pour le grand prix de Rome. Les salles des étages supérieurs servent aux expositions de peinture et de gravure des concurrents du prix de Rome ; on voit là toutes les toiles qui ont obtenu ce prix depuis la fondation.

Palais de la Bourse. — La Bourse, située sur la place de ce nom, entre le Palais-Royal et le boulévard,

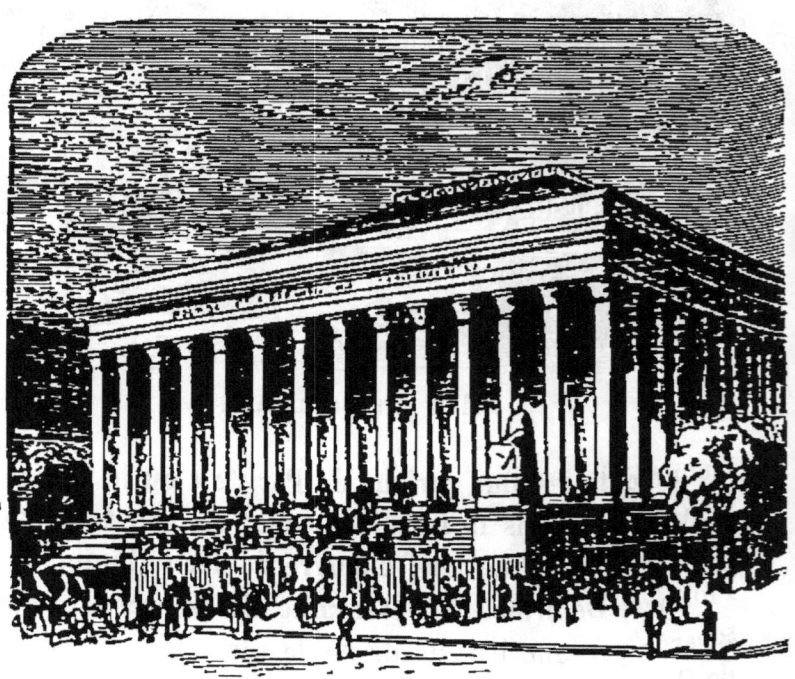

Palais de la Bourse.

est, comme presque tous les édifices modernes de Paris, un bâtiment dans le style grec. Il dessine un parallélogramme de 71 mètres de longueur sur 49 de largeur. Une galerie extérieure, formant péristyle à colonnes, permet au public si nombreux qui fréquente la Bourse de se promener à l'abri de la pluie ou des rayons du soleil. La salle centrale, le principal théâtre de la spéculation, est d'un assez bel aspect. Au fond se trouve la corbeille des agents de change, qui, dans le langage du terroir, s'appelle parquet. C'est vers deux heures qu'il faut aller contempler ce spectacle, du haut des galeries qui dominent la salle. Ce sont des cris tels, qu'on pourrait se croire au milieu d'une ménagerie de tigres. Du reste, si nous exceptons le coup d'œil étrange qu'offre cette foule qui hurle de une heure à trois, la Bourse n'offre rien de bien curieux pour l'étranger. C'est au premier étage de ce monument qu'est situé le Tribunal de commerce.

IX. — ENSEIGNEMENT ET ÉTUDES.

L'instruction publique présente trois degrés : l'enseignement primaire, qui est destiné à se répandre sur tous les points, et qui embrasse les connaissances fondamentales ; l'enseignement secondaire, comprenant le cours d'études qui doit initier les élèves à la connaissance générale des langues anciennes, de l'histoire, et leur donner une notion suffisante des sciences exactes et naturelles ; enfin l'enseignement supérieur, où chaque esprit doit choisir une spécialité et diriger ses travaux, jusqu'alors encyclopédiques, vers une direction à peu près unique. Les écoles primaires répandent le premier enseignement : on puise le second dans les lycées et les institutions particulières ; les facultés et les écoles spéciales sont chargées de l'enseignement supérieur.

Lycées. — L'Université ouvre à la jeunesse studieuse de Paris cinq lycées et deux collèges particuliers qui, avec le lycée de Versailles, complètent le nombre des huit établissements privilégiés admis à l'épreuve annuelle du concours général. *Louis le Grand*, *Napoléon* (ci-devant *Henri IV*), *Charlemagne*, *Bonaparte* (ci-devant *Bourbon*), *Saint-Louis*, tels sont les cinq lycées; il faut y joindre les deux collèges *Rollin* et *Stanislas*, anciennes institutions Nicolle et Liautard, érigées en collèges par ordonnance royale.

La Sorbonne, contemporaine des premiers et des plus

Sorbonne.

beaux jours de la vieille Université de France, est devenue le local de trois facultés : la faculté des Lettres, la faculté des Sciences et la faculté de Théologie.

C'est rue de la Harpe, entre le Panthéon et l'hôtel de

Cluny, qu'est située la Sorbonne. Les cours de la faculté des Lettres sont particulièrement suivis par les étudiants et par les gens du monde. M. Saint-Marc Girardin, professeur de poésie française, a le privilége de voir la salle où il professe encombrée de spectateurs.

Le Collége de France date de François Ier. L'enseignement y offre un caractère plus philosophique et moins scolastique qu'à la faculté des Lettres. Le Collége de France est en dehors de l'Université. Les principaux professeurs sont MM. Michel Chevalier, Lenormant, Stanislas Julien, J. Ampère, Saisset, Biot, Liouville, Magendie, Caussin de Perceval, Philarète Chasles, etc. Le Collége de France est situé derrière la Sorbonne, place Cambrai.

Ecole Normale supérieure. Le but de cette institution consiste à fournir au champ de l'Université une moisson suffisante de licenciés, d'agrégés, tant des lettres que des sciences. Elle est située tout à côté du Panthéon, à l'extrémité de la rue d'Ulm.

Ecole de Droit, place du Panthéon. L'enseignement du droit embrasse trois années nécessaires pour l'obtention de la licence, quatre pour celle du doctorat. L'Ecole de droit possède une bibliothèque de huit mille volumes.

Ecole de Médecine, place de l'Ecole-de-Médecine. Dix-huit cours composent l'enseignement. Pour obtenir le grade de docteur les élèves doivent être bacheliers es-lettres et bacheliers es sciences avant de prendre leur première inscription ; puis ils doivent subir cinq examens et une thèse. Chaque trimestre, les élèves doivent prendre une inscription, soit seize inscriptions pour les quatre années d'études. Indépendamment de la bibliothèque, qui ne compte pas moins de 30,000 volumes, l'École de médecine est fière de deux collections sans pareilles au monde, le cabinet d'anatomie comparée et le musée Dupuytren. Le musée Dupuytren semble le poëme terrible de cette affreuse maladie qui date en Europe de la découverte de l'Amérique.

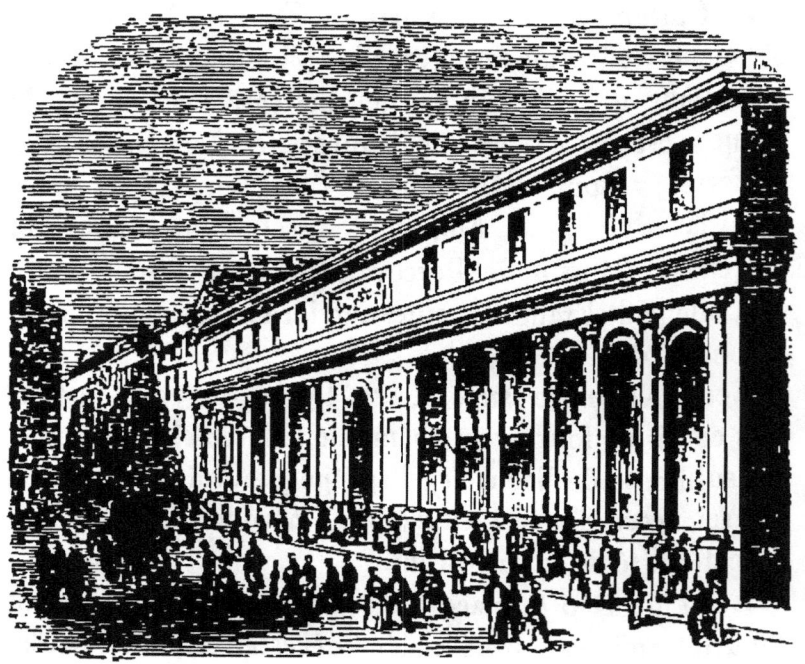

École de Médecine.

L'École de médecine est le siége de la faculté de Médecine. En dehors de cette faculté il y a l'Académie de Médecine, qui est située dans la rue des Saints-Pères. Les membres résidents de cette Académie sont distribués en onze sections. L'Académie se compose de cent membres résidents. Les séances ont lieu tous les mardis, le public peut y assister. On verra dans la salle de l'Académie de Médecine deux tableaux peints à la cire par M. Muller et inspirés l'un et l'autre par une belle page de l'histoire médicale : le premier représente Pinel faisant tomber les fers dont on chargeait les malheureux aliénés; l'autre montre Larrey prêt à faire l'amputation sur un champ de bataille.

Viennent ensuite différentes écoles qui n'entrent pas dans le cadre de l'enseignement régulier.

L'Ecole des Chartes, située au palais des Archives

École des Chartes.

impériales, qui a pour but de former des paléographes et des archivistes.

L'Ecole des Langues orientales, à la Bibliothèque Impériale, où l'on fait des cours d'arabe, de persan, d'arménien, de turc, de grec moderne, d'hindoustani, de chinois, de malais et de javanais.

L'Ecole impériale Polytechnique, fondée le 11 mars

1794, sous le nom d'Ecole centrale des travaux publics

École Polytechnique.

C'est là que se forment les élèves pour l'artillerie, la marine, l'état-major, les ponts et chaussées, les mines, les télégraphes, les tabacs. Les élèves y sont admis par voie de concours.

L'Ecole d'Etat-Major, rue de Grenelle Saint-Germain. On y enseigne la topographie, l'art militaire, la géographie, la statistique, la fortification, l'artillerie, la géométrie descriptive. Les élèves en sortent officiers de l'état-major de l'armée.

L'Ecole impériale des Ponts et Chaussées, rue des Saints-Pères, 28. L'enseignement a pour objet spécial les routes, les chemins de fer, les canaux, les rivières et les fleuves, les ports maritimes, et en général tout ce qui se rapporte aux voies de communication par terre et par eau, ainsi que les irrigations, les défrichements, etc.

Les élèves de cette école sont presque exclusivement recrutés parmi ceux de l'Ecole Polytechnique.

L'Ecole des Mines, rue d'Enfer. Les cours embrassent la mécanique et l'exploitation des mines, la docimasie et les travaux de laboratoire, la métallurgie, la minéralogie et la géologie; le dessin graphique et le dessin des plans superficiels et souterrains. Les élèves apprennent aussi l'allemand et l'anglais.

L'Ecole centrale des Arts et Manufactures, rue de Thorigny, 1, au Marais, a pour but d'enseigner les connaissances fondamentales et spéciales nécessaires à ceux qui aspirent à porter dignement le titre d'ingénieurs civils.

Le Conservatoire des Arts et Métiers, rue Saint-Martin. On y professe le dessin de la figure, de l'ornement, de l'architecture et des machines, l'arithmétique, l'algèbre, la géométrie descriptive et l'application de ces sciences aux tracés de charpente, à la coupe des pierres. Cette école

Conservatoire des Arts et Métiers.

est destinée à former des ingénieurs et des artisans distingués ; c'est un muséum complet des arts, des métiers, de l'industrie et de l'agriculture, et un des édifices les plus curieux à visiter.

Conservatoire de Musique et de Déclamation, 11, rue du Faubourg-Poissonnière. C'est à cette école que se forment les compositeurs, les chanteurs et les comédiens. On y donne des concerts très-renommés.

Nous citerons encore l'*Ecole gratuite de Dessin*, rue de l'Ecole-de-Médecine.

Il y a ensuite les sociétés, dont nous allons donner la nomenclature.

Société anatomique, à l'Ecole pratique de Médecine.

Société médico-pratique, à l'Hôtel de Ville.

Société médicale d'émulation, à l'Ecole de Médecine.

Société de pharmacie, à l'École de Pharmacie, rue de l'Arbalète.

Société ethnologique, qui a pour but de recueillir les observations propres à faire connaître les différentes races d'hommes répandues sur la terre.

Société géologique.
— *entomologique.*
— *philotechnique.*
— *philomatique.*
— *d'horticulture.*
— *des gens de lettres.*
— *des auteurs dramatiques.*
— *des artistes dramatiques.*
— *des peintres et des musiciens, etc., etc.*

Observatoire. Colbert est le fondateur de l'Observatoire : il chargea Claude Perrault d'en fournir les dessins. L'Observatoire a la forme d'un rectangle dont les quatre façades correspondent aux quatre points cardinaux du monde. Aux deux angles de la façade méridionale, sont deux tours ou pavillons octogones ; une troisième tour carrée occupe le milieu de la façade du nord, où se trouve l'entrée. La ligne de sa face méridionale se confond avec la latitude de Paris, la méridienne est tracée dans la grande salle du second étage ; elle partage l'édifice en deux parties, et, se prolongeant au sud et au nord, elle s'étend d'un côté jusqu'au Collioure et de l'autre jusqu'à Dunkerque.

On remarque à l'intérieur la statue de Cassini, la lunette achromatique, dont l'axe est incliné comme celui de la terre pour observer la marche des comètes, l'aéromètre destiné à constater la force des vents, la cave de jauge servant à mesurer la quantité de pluie qui tombe dans un temps déterminé, la lunette de Gambey, le cercle mural de Fronlin, etc., etc. La bibliothèque renferme une collection précieuse de livres d'astronomie. Le bureau des longitudes tient ses séances dans

Observatoire.

le bâtiment de l'Observatoire, situé sur la place de ce nom, derrière le jardin du Luxembourg, auquel il se joint par une avenue.

Imprimerie Impériale. — François Ier peut être considéré comme le fondateur de cet établissement. Sous son règne en effet, pour venir en aide à l'enseignement du Collège de France, on fit fondre des caractères dits royaux (typi regii) dont on confia la garde à un imprimeur nommé par le roi. Le cardinal Richelieu installa l'imprimerie royale dans un rez-de-chaussée du Louvre, et la plaça sous la surveillance immédiate du gouvernement. Tranférée pendant la révolution à l'hôtel Penthièvre elle est définitivement installée aujourd'hui à l'hôtel Rohan, rue Vieille du Temple.

On y imprime le *Bulletin des lois*, le *Bulletin civil et criminel* les arrêts de *la Cour de cassation*, et tous les ouvrages des particuliers auxquels le gouvernement accorde cette faveur. On peut y livrer à l'impression des livres en cinquante et une langues. En une seule nuit l'imprimerie impériale est organisée de façon à pouvoir faire sortir de ses presses 800 pages in-4°, son budget est de trois millions, et son personnel de huit à neuf cents ouvriers.

L'Imprimerie Impériale renferme un cabinet des poinçons, une bibliothèque composée des ouvrages sortis de ses presses et des éditions d'élite composées dans les imprimeries particulières, et enfin un musée typographique commencé en 1850, et qui sera un résumé complet de l'histoire de la typographie depuis son origine jusqu'à nos jours.

X. — LES ÉGLISES.

Paris renferme quarante et une églises paroissiales, et un nombre à peu près égal de chapelles. La première et la plus importante est l'Église métropolitaine, placée sous l'invocation de Notre-Dame.

Notre-Dame. — Il a fallu près de trois siècles pour achever cet édifice, dont le pape Alexandre III posa la première pierre en 1163. Il remplaçait l'église épiscopale de Saint-Étienne, bâtie par Clovis, et une autre église dédiée par Childebert à la Sainte Vierge. En 1161, l'évêque Maurice de Sully réunit les deux églises. Les voûtes sombres de Saint-Étienne, l'autel au pied duquel

Notre-Dame de Paris.

Frédégonde, la Clytemnestre mérovingienne, vint réclamer le droit d'asile, tombèrent à la fois, et firent place à la basilique actuelle, qui devint jour par jour et pour ainsi dire pierre à pierre, un des plus beaux et des plus complets échantillons de l'art gothique.

L'Église de Notre-Dame ne fut complètement terminée que sous Charles VII, qui affecta à son achèvement l'impôt de la régale. Le bâtiment mesure 126 mètres 68 cent. de longueur, 48 mètres 07 cent. de largeur, et 33 mètres 77 cent. de hauteur. Les tours sont hautes de 68 mètres. On y monte par une porte latérale située à gauche du grand portail, et de leur sommet on jouit du panorama complet de Paris. Il n'en coûte que 10 centimes par personne.

Saint-Germain-des-Prés. — Brûlée par les Normands en 861, ainsi que l'abbaye dont elle faisait partie, l'église de Saint-Germain-des-Prés avait été construite par les ordres de Childebert Ier, et consacrée par l'évêque de Paris, Germain, le jour même de la mort du roi. Réparée par l'évêque Gozlin, elle fut de nouveau détruite. Dans les premières années de l'an 1001, l'abbé Morand songea à utiliser ces ruines, et commença l'église actuelle, qui ne fut terminée qu'un siècle plus tard. Elle fut, comme Notre-Dame, consacrée par le pape Alexandre III, alors réfugié en France.

L'abbé de Saint-Germain-des-Prés était un des plus riches seigneurs de France; il battait monnaie et exerçait une juridiction temporelle fort étendue sur une notable partie de Paris. Des cardinaux, des princes et même des rois furent placés à sa tête. Elle relevait directement du saint-siège. La tour de l'église excite encore l'admiration des architectes par son allure simple et majestueuse.

On remarque dans le chœur une belle peinture à la cire de M. N. Flandrin, représentant l'entrée de Jésus à Jérusalem, quelques tableaux assez médiocres de MM. Bertin, Leclercq, Verdier, Steuben, et le tombeau de Casimir V, de ce jésuite qui devint roi, et de ce roi qui mourut moine.

Saint-Germain-l'Auxerrois. — Cette église, située hors de l'enceinte de Paris, servit de forteresse aux Normands, qui s'y retranchèrent et en firent une espèce de place d'armes. On ne sait rien de précis sur l'époque de la fondation de l'église actuelle. On l'attribue cependant à Robert le Pieux, et on ajoute que le grand portail date du règne de Philippe le Bel, et le vestibule actuel de 1429. Le quai de l'École, voisin de cette église, tire son nom d'une école fameuse qui existait au temps de Charlemagne, dans le cloître de Saint-Germain-d'Auxerre.

St-Germain-l'Auxerrois.

Le 24 août 1572, la cloche de Saint-Germain-l'Auxerrois donna le signal de l'affreux massacre de la Saint-Barthélemy. Le 14 février 1831, pendant qu'on célébrait un service pour l'anniversaire de la mort du duc de Berry, le peuple se rua sur l'église et la saccagea. Elle resta le siége de la mairie du quatrième arrondissement jusqu'en 1838; alors on la rendit au culte, et on commença sa restauration, qui n'est terminée que depuis quelques années.

Les amateurs d'archaïsme vantent les peintures quasi byzantines dont la brosse gothique de M. Mottez a badigeonné le porche. Toutes les écoles de peinture semblent s'être donné rendez-vous dans les chapelles peintes par MM. Amaury Duval, Jean Gigoux, Coudere, pour y fournir une preuve de plus qu'il n'est pas toujours facile au talent de remplacer la foi et l'inspiration. Les vitraux sont de M. Maréchal (de Metz). Le voisinage de quelques vitrines de Jean Cousin leur fait du tort. Un groupe de M. Jouffroy, un bénitier et une petite statue de M. Marochetti, symbolisant l'ange de la mort en style Dubuffe, sur le pignon de la façade, voilà pour la sculpture. Le banc d'œuvre, dessiné par Renault et Lebrun, et la grille du chœur attirent les regards. Le corps du maréchal d'Ancre, enterré d'abord dans l'église Saint-Germain-l'Auxerrois, en fut retiré le lendemain pour être pendu et jeté à la voirie. Jusqu'en 1830, Saint-Germain-l'Auxerrois fut la paroisse spéciale de la famille royale. A cette époque, on destitua Saint-Germain, et on transféra son privilège à son confrère Saint-Roch (en face le Louvre).

Saint-Merry. — Église bourgeoise cachée au milieu d'une rue dont les maisons se dérobent pour ainsi dire aux regards des curieux. Elle ne fut achevée qu'en 1612, après avoir été commencée sous François Ier. Maladroitement restaurée sous Louis XIV, on peut encore reconnaître la hardiesse et la grâce du plan primitif ; les sculptures dont les frères Slodtz ont orné le chœur, et surtout quelques rares vitraux du célèbre Pinaigrier méritent de fixer l'attention. Carle Vanloo a deux beaux tableaux dans cette église, un saint Charles Borromée et une Vierge. MM. Théodore Chassériau, Amaury Duval et Henri Lehman ont peint les chapelles latérales. Saint-Merry nous donne aussi l'étrange spectacle d'une chapelle peinte par

M. Lepaulle. On n'a pas oublié la lutte terrible dont le cloître de Saint-Merry fut le théâtre le 5 et le 6 juin 1832 (rue Saint-Martin).

Saint-Merry.

Saint-Severin. — C'est une mosaïque architecturale, un ensemble formé de plusieurs morceaux de rapport. Il y a un portail qui a appartenu à Saint-Pierre-aux-Bœufs. On l'a transporté là pour faire cesser les cris d'indignation des fidèles de l'ogive qui se lamentaient de la démolition de cette église si gothique. Saint-Severin possède un orgue dont le buffet est du xviiie siècle, un *Martyre de saint Sébastien*, attribué on ne sait pourquoi à Murillo, la *Mort de Saphira*, de Signol, la *Vie de Joseph*, par M. Picot, et une chapelle de M. Flandrin, déjà nommé. Le savant Pasquier et les savants frères Sainte-Marthe sont inhumés dans cette église, où on fabriqua d'immenses quantités de salpêtre pendant la révolution.

Saint-Étienne-du-Mont. — Célèbre par son jubé, véritable musée de peinture et de sculpture, où l'on re-

Saint-Étienne-du-Mont.

trouve encore quelques rares échantillons des œuvres de certains artistes français dont, par un bizarre caprice de la destinée, le génie fut bien plus considérable que la gloire. Il nous suffira de citer les sculptures de Biard le père, son Christ surtout, qu'on attribua longtemps à Jean Goujon; le baldaquin de Lestocart et le tableau de Varin, de ce peintre qui fut le maître de Poussin. Les verrières de Nicolas Pinaigrier sont nombreuses à Saint-Étienne-du-Mont; il y en a encore plusieurs de Jean Cousin. Pascal, Racine, Lesueur, Tournefort, Renault, Rollin, Lemaistre de Sacy, eurent leur tombeau dans cette église, qui ne renferme plus aujourd'hui que celui de sainte Geneviève, patronne de Paris. Les théophilanthropes firent de Saint-Étienne un temple de leur culte, et, tous les quintidis et décadis, les élèves des écoles se réunissaient sous ses voûtes pour y faire la lecture du *bulletin décadaire*, accompagnée de chants patriotiques. Bâtie en 1221, brûlée et reconstruite en 1517.

Saint-Gervais. — Le portail de Jacques Desbrosses, qu'on colla pour ainsi dire contre la façade de cette église, jouit d'une immense réputation. On se préoccupait peu, à ce qu'il paraît, du temps de Jacques Desbrosses, c'est-à-dire en 1616, du besoin de faire concorder entre elles les diverses parties d'un édifice. Ce portail jure en effet avec le système architectural d'une église commencée au XIIIe siècle, et terminée au XVe. Quoi qu'il en soit, l'œuvre de Desbrosses est devenue classique. Nous doutons que le saint Gervais d'Auguste Preault, placé dans une des niches de la façade, obtienne jamais le même honneur. L'autre niche est occupée par saint Protais, l'ami, l'associé, le collaborateur du patron de l'église. C'est une des dernières statues de feu Antonin Moine. La presse s'occupa beaucoup, il y a quelques années, d'un Christ en bois de Preault, placé dans la chapelle des

7

fonts. Éviter deux affreuses peintures gothiques que le bedeau attribue à Pérugin et à Albert Durer. Jeter un coup d'œil sur les tombeaux de Philippe de Champagne, de Ducange, de Boucherat, de Letellier et de l'auteur du *Roman comique*. (En face l'Hôtel de Ville.)

Saint-Eustache. — C'est la paroisse où se donnent les plus beaux concerts; presque tous les artistes célèbres

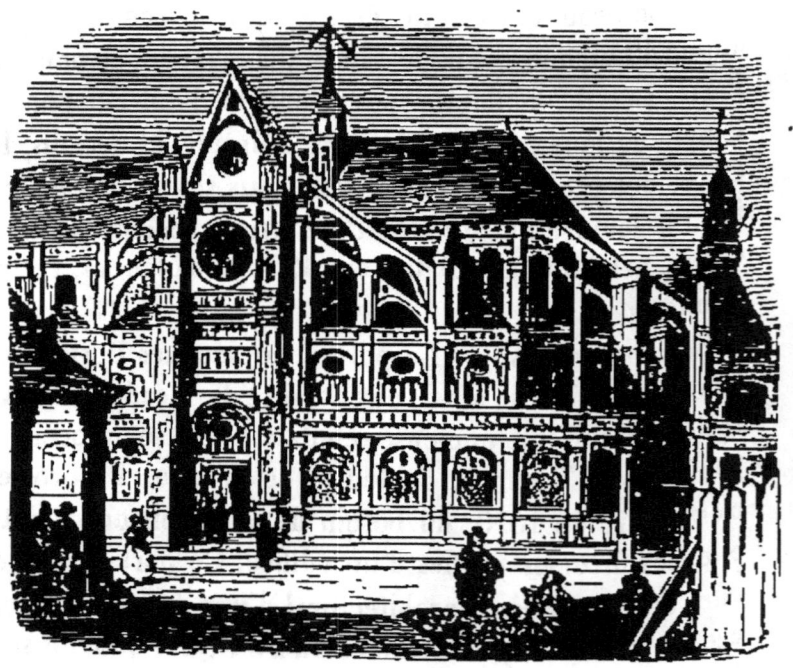

Saint-Eustache.

de ce temps-ci y ont chanté. L'architecte de Saint-Eustache a inventé l'école du bon sens trois cents ans avant son existence : il a essayé de réunir, de combiner, d'amalgamer la fantaisie et la raison, l'ogive et la ligne droite, l'arabesque et l'acanthe, le gothique et le classique. L'aspect de Saint-Eustache présente, à cause de cela, un aspect bizarre qui n'est pas dépourvu de toute espèce de grandeur. Les tableaux de Saint-Eustache sont sans intérêt : les Carle Vanloo y abondent, et ne sont pas les meilleurs de ce maître. La chaire est dessinée par Soufflot. Le premier personnage inhumé dans cette église fut Colbert, et le dernier Mirabeau. Il n'y resta qu'un jour, juste le temps d'attendre que sa place fut prête au Panthéon. Saint-Eustache était sans doute autrefois situé dans le quartier des gens de lettres, dans la nouvelle Athènes de Paris : la grammaire y dort à côté de l'épître, le ballet à côté de la tragédie, Voiture auprès de Vaugelas, Benserade à côté de La Mothe-Levayer. Chevert, le soldat prolétaire, a aussi sa tombe à Saint-Eustache, en face de celle de Tourville. (Au bout de la rue Montmartre.

Saint-Louis-Saint-Paul. — Les jésuites faisaient tous les métiers : médecins, latinistes, physiciens, apothicaires, chimistes, architectes. Voici une église qui a été construite sur les plans et sous la direction d'un révérend père de la Compagnie de Jésus, et sur les fonds de la cassette particulière du saint roi Louis XIII. Richelieu voulut collaborer à cette œuvre pie, et fit les frais nécessaires à l'érection du portail. On frappait beaucoup de médailles en ce temps-là, on en frappa donc une à propos de l'achèvement de Saint-Louis-Saint-Paul. Elle portait cette inscription : *Vicit ut David, edificat ut Salomon;* ce qui s'adresse à Louis XIII. Les bâtiments de la maison professe des jésuites de la rue Saint-Antoine étaient annexés à cette église ; ils sont occupés maintenant par le lycée Charlemagne. Nous conseillons aux amateurs de ne point se déranger de leur route pour visiter cette église, ils n'y trouveraient que des tableaux de M. Lecaisne et des peintures de M. Abel de Pujol. (Rue Saint-Antoine.)

La Sorbonne. — Avant la Sorbonne il y avait quelques coupoles à Paris et pas de dôme; l'architecte Lemercier profita de la construction de l'église de la Sorbonne, dont Richelieu venait de le charger, pour donner ce spectacle aux Parisiens. Richelieu voulut être enterré dans cette église, dont il avait été le fondateur. Girardon et Lebrun mirent en commun leur ciseau et leur crayon pour produire le monument d'un grandiose un peu prétentieux consacré à la mémoire du vainqueur de La Rochelle et de l'inventeur de l'Académie française. Les pendentifs de la coupole sont de la main savante de Philippe de Champagne.

Le Val-de-Grâce. — Anne d'Autriche, qui pour se désennuyer avait de temps en temps de graves accès de dévotion, fonda, sous le titre un peu prétentieux de Val-de-Grâce un couvent où Louis XIV encore enfant mania pour la première fois cette royale truelle dont il devait faire son joujou favori. Ce fut lui qui posa la première pierre de l'église du Val-de-Grâce. Elle eut trois ou quatre architectes différents : François Mansart la commença, Lemercier la continua, Lemuet et Leduc la terminèrent en 1616. La partie la plus remarquable de cette église est son dôme, dont Pierre Mignard a peint la coupole. Molière trouvait cette peinture

Val-de-Grâce.

admirable, puisqu'il lui consacra un poëme, et Molière avait tort. C'est sous cette coupole que repose cette femme infortunée, Henriette d'Angleterre, qui fut la fille de Henri IV, et la veuve de Charles Ier.

Saint-Roch. — Ce fut l'église à la mode du règne de Louis-Philippe, la métropole de l'aristocratie bourgeoise, sur les marches de laquelle vint expirer l'ascendant de la Révolution et commencer celui de Bonaparte au 13 vendémiaire. C'est encore une église dont le plan pèche par l'unité d'inspiration; commencée en 1735, plusieurs architectes y mirent la main. On y sent le commencement de la décadence de l'art pompeux mais grandiose encore du XVIIe siècle, et l'avénement de cet art théâtral et emphatique qui dura pendant tout le XVIIIe siècle. Cette église renferme un grand nombre de tableaux de maîtres assez connus, des Jouvenet, des Lebrun, des Doyen, des Vien, etc., etc. : ces tableaux valent à peine l'honneur d'être nommés. Coustou le jeune a sculpté, pour le tombeau du cardinal Dubois, la statue de ce ministre dans une attitude d'onction religieuse et de piété dont s'étonnerait fort Dubois lui-même s'il pouvait revenir à la vie. Deux beaux bustes, celui de Mignard, par Lemoine, et celui de Lenôtre, par Coyzevox, ornent la chapelle où est renfermé le cénotaphe de Dubois. En 1814 le curé de Saint-Roch refusa les prières de l'Église au cercueil de Mlle Raucourt (Rue Saint-Honoré.)

Saint-Sulpice. — Cette église est le chef-d'œuvre de Servandoni, un des plus grands successeurs de l'école française, car c'est bien lui qui en réalité l'a construite, quoique Charles Gamart l'eût commencée en 1646, et que d'autres architectes y aient travaillé depuis cette époque jusqu'au moment où Servandoni entreprit la façade. La chapelle de la Vierge est l'œuvre exclusive de Servandoni; Carle Vanloo en a peint les panneaux; les ornements sont des frères Slodtz; une Assomption

Saint-Sulpice.

peinte par Lemoine remplit la chapelle. Les peintures modernes exécutées dans Saint-Sulpice sont toutes assez insignifiantes. M. Eugène Delacroix termine en ce moment une chapelle qui relèvera le moral pictural de cette église, s'il nous est permis de parler ainsi. Le 15 novembre 1799 un banquet par souscription fut donné par le Corps Législatif dans Saint-Sulpice, au général Bonaparte. C'était quelques jours avant le 18 brumaire. Avant de passer à l'état de salon de cent couverts, Saint-Sulpice avait servi de temple de la Victoire pendant la Révolution, et puis ensuite d'église métropolitaine aux théophilanthropes. Les tours de Saint-Sulpice ont trois mètres de plus que celles de Notre-Dame. (Place Saint-Sulpice.)

Sainte-Geneviève (ex-*Panthéon*). — La vieille église de Sainte-Geneviève tombant en ruines en 1751, on bâtit l'église actuelle pour la remplacer; Soufflot ayant terminé cet édifice juste au moment où la Constituante cherchait une place pour loger les grands hommes morts, on lui suggéra l'idée d'appliquer la nouvelle Sainte-Geneviève à cette destination. Un décret régularisa cette affaire. Voltaire, Rousseau, Mirabeau, Marat, furent transportés au Panthéon. Voltaire et Rousseau y sont encore, ainsi que Lagrange, Bougainville, Soufflot, Lannes, etc.; sous l'Empire les caveaux du Panthéon serraient de sépulture officielle aux sénateurs. La Restauration destitua le Panthéon et rendit le monument de Sainte-Geneviève à sa patronne, et Gros peignit dans la coupole l'apothéose de Louis XVIII. Vint la révolution de Juillet, qui destitua encore une fois Sainte-Geneviève, et redonna le Panthéon aux grands hommes. Les noms des morts de Juillet furent inscrits sur des tables d'airain placées sous ses voûtes, dans une cérémonie où Nourrit chanta de magnifiques strophes de Victor Hugo, et quelques jours après David mit la main à ce fronton magnifique représentant la Patrie décernant des couronnes à ses enfants. Un décret en date du mois de décembre 1851 rendit la Panthéon au culte. On avait fait courir le bruit que le fronton de

Panthéon. — Bibliothèque Sainte-Geneviève. — École de Droit.

David serait enlevé; le *Moniteur* a démenti cette nouvelle.

La Madeleine. — Qui dirait que ce monument d'une forme si classique et si païenne a été commencé en plein XVIIIe siècle et que Louis XV en a posé la première

La Madeleine.

pierre en culottes courtes et en habit à la française; il fut terminé sous le règne de Louis-Philippe, et dédié non pas à Jupiter ou à Mars, comme on pourrait s'y attendre, mais à sainte Madeleine. Deux architectes du nom de Contant d'Ivry et de Couture avaient travaillé à cette église, lorsque l'empereur Napoléon, par un décret rendu à Posen le 2 décembre 1806, ordonna qu'on reprendrait les travaux de Sainte-Madeleine, et qu'on transformerait la susdite église en temple grec consacré aux soldats de la Grande Armée ; ce temple devait être illuminé chaque année le jour anniversaire des batailles d'Austerlitz et d'Iéna, et servir de théâtre à un concert précédé d'un discours sur les vertus guerrières. Pierre Vignon, l'architecte de l'Empire, légua la suite de son œuvre à Hervé, qui en vint à bout dans la première moitié du règne de Louis-Philippe. Ce roi, qui aimait tout autant les temples que les églises, et les églises que les temples, trouva cependant convenable de se prononcer pour Madeleine contre Mars, pour les pécheresses repentantes contre la Grande Armée. Presque tous les peintres, sculpteurs, fondeurs contemporains ont travaillé pour cette église ; c'est un fouillis et non pas un musée. On peut se demander, sans être trop sévère, s'il survivra grand'chose de tout cela, et si la postérité vantera beaucoup la fresque de M. Ziégler, le fronton de M. Seurre, représentant le Jugement Dernier, la fameuse Assomption en marbre de M. Marochetti, et les non moins fameuses portes de M. Triquetti.

Notre-Dame-de-Lorette. — Église calomniée par les feuilletons et par les vaudevilles, et qui vaut mieux que sa réputation. Les véritables fidèles ne sont pas plus rares à Notre-Dame-de-Lorette que partout ailleurs, et on y fait son salut comme dans toutes les autres églises.

Les mauvaises langues ont comparé l'église Notre-Dame-de-Lorette à un boudoir ; pure médisance. La Madeleine, Saint-Vincent-de-Paul reluisent tout autant que Notre-Dame-de-Lorette ; on n'y a guère épargné l'or et les couleurs ; mais où n'en met-on pas aujourd'hui ? Les cérémonies du culte sont fort suivies dans cette église, par les hommes surtout ; les mois de Marie y attirent un grand concours de fidèles, quand les artistes de l'Opéra s'y font entendre. La peinture religieuse abonde dans cette église ; les chapelles de MM. Orsel, Perrin et Reyer en sont pleines. Puisque nous sommes ici dans le quartier des banquiers et des gens de Bourse, où l'on aime à se rendre compte de la valeur des objets, disons que la construction de l'église Notre-Dame-de-Lorette a coûté 2,050,000 francs à l'État. On évalue le produit de la cure à une trentaine de mille francs, chiffre rond. (Au bout de la rue Lafitte.)

Saint-Vincent-de-Paul. — Les temples que les premiers chrétiens transformaient en basiliques devaient ressembler aux églises comme Notre-Dame-de-Lorette et Saint-Vincent-de-Paul. M. Hittorf, en composant son plan, a voulu évidemment nous donner en plein dix-neuvième siècle une idée des églises primitives. Saint-Vincent-de-Paul est un des échantillons les plus complets de l'art archaïque à notre époque. Cette église est couverte de peintures du haut jusques en bas, et cependant tout n'est pas terminé de ce côté-là ; on attend une livraison de M. Picot et du même M. Flandrin. Saint-Vincent-de-Paul a des portes en fonte comme la Madeleine, et un assez grand nombre de sculptures qui ressemblent aussi à celles de la Madeleine. (Place Lafayette.)

Chapelle Expiatoire de la rue d'Anjou. — Elle est située sur l'emplacement où Louis XVI et Marie-Antoinette furent inhumés. Dans un hémicycle de la chapelle, le sculpteur Bosio a représenté d'une façon un peu molle, mais non sans une certaine grâce d'exécution, Louis XVI montant au ciel soutenu par un ange. (Rue d'Anjou-Saint-Honoré.)

L'Assomption. — Église qui se fait toujours remarquer par l'excellent choix de ses prédicateurs ; peintures sans intérêt. Elle servit de magasin de décors pendant la révolution. (371, rue Saint-Honoré.)

Saint-Ambroise. — Rien de remarquable. (Rue Popincourt.)

Saint-Antoine. — Rien de remarquable. (Rue de Charenton.)

Saint-Denis-du-Marais. — Elle contient une Piéta peinte par M. Eugène Delacroix. (Rue Saint-Louis.)

Saint-Jacques-du-Haut-Pas. — Gaston d'Orléans en posa la première pierre en 1630. La célèbre madame de Longueville fournit les fonds nécessaires à son achèvement. Elle renferme les restes de Cochin, fondateur de l'hôpital de ce nom, et de l'astronome Cassini. (Rue Saint-Jacques.)

Saint-Jean-Saint-François. — Rien de remarquable. (Rue d'Orléans.)

Saint-Laurent. — Rien de remarquable qu'un tableau de peinture religieuse de Greuze. Il paraît qu'on en commandait aussi de son temps. (Place de la Fidélité et rue du Faubourg-Saint-Martin.)

Saint-Leu. — Cette église possède un excellent portrait de saint François de Salles par Philippe de Champagne. (Rue Saint-Denis.)

Saint-Louis-d'Antin. — Rien de remarquable. (Rue Caumartin.)

Saint-Louis-en-l'Ile. — Son clocher à jour est affreux. (Rue Saint-Louis.)

Sainte-Marguerite. — Tombeau de Vaucanson. C'est dans un petit cimetière attenant à cette église que furent jetés les restes de Louis XVII. (Rue Saint-Bernard.)

Saint-Médard. — Le diacre Paris, enterré dans le

cimetière de cette église, loin de se rendre au distique suivant :

> De par le roi défense à Dieu
> De faire miracle en ce lieu,

continua de plus belle, et devint le créateur posthume de la fameuse secte des convulsionnaires. Saint-Médard est la paroisse des jansénistes et des chiffonniers. (Rue Mouffetard.)

Église des Missions-Étrangères. — (Rue du Bac.)

Saint-Nicolas-des-Champs. — (Rue Saint-Martin.)

Saint-Nicolas-du-Chardonnet. — Peintures du Valentin, de Coypel, de Lesueur; monument à la mémoire de Lebrun, avec le médaillon de ce peintre par Coyzevox. (Rue Saint-Victor.)

Notre-Dame-de-l'Abbaye-au-Bois. — C'est l'église à laquelle le plus de souvenirs profanes et littéraires se sont attachés par suite du séjour d'une femme célèbre dans le cloître de cette église. (Rue de Sèvres.)

Notre-Dame-des-Blancs-Manteaux. — (Rue des Blancs-Manteaux.)

Notre-Dame-de-Bonne-Nouvelle. — (Rue de la Lune.)

Notre-Dame-des-Victoires (Petits-Pères). — Dédiée par Louis XIII à Notre-Dame-des-Victoires après la prise de La Rochelle, en commémoration de la défaite des hérétiques. Le bouffon Lully est enterré dans une des chapelles. (Près la place des Victoires.)

Saint-Philippe-du-Roule. — (Rue du Faubourg-du-Roule.)

Saint-Pierre-du-Gros-Caillou. — (Rue Saint-Dominique.)

Saint-Thomas-d'Aquin. — Le plan de cette église est du Père Buffet, récollet, et le portail du frère Bullet, jacobin. (Place Saint-Thomas-d'Aquin.)

La Trinité. — (Rue de Clichy).

Sainte-Valère. — (Rue de Bourgogne.)

Sainte-Clotilde. — Inachevée. (Rue Bellechasse.)

CULTE PROTESTANT.

Trois anciennes églises ou chapelles ont été affectées au culte protestant :

L'Oratoire, qui fut bâti pour la congrégation du cardinal de Bérulle, édifice d'un goût assez sévère et assez distingué. On y célèbre le culte en français le dimanche, à midi et demi. (Rue Saint-Honoré, 157.)

L'Église de la Visitation, construite par Mansard pour la communauté des Visitandines. Service le même jour, à la même heure. (Rue Saint-Antoine, 216.)

Pantemont, chapelle de l'ancienne abbaye de Notre Dame-de-Pantemont. (Rue de Grenelle-Saint-Germain, 108.)

Le *culte luthérien* a deux temples, l'un, rue des Billettes, n° 16 (service le dimanche à midi en français, et à deux heures en allemand), l'autre rue Chauchat, n° 5 (service en français le dimanche, à onze heures).

Le *culte anglican* a deux églises, l'une rue d'Aguesseau, n° 5, et l'autre avenue Marbeuf, n° 10 *bis* (service le dimanche, à onze heures et à trois heures).

Église évangélique réformée (chapelle Taitbout, rue de Provence, 44). — Elle vient d'être détruite par un incendie. On la reconstruit.

Chapelle Wesleyenne. — (Près la Madeleine, rue Royale.) Le service s'y fait en anglais et en français.

L'église des Suisses. — (Rue Saint-Honoré, 357.)
L'église des frères Moraves. — (Rue Miroménil, 75.)

CULTE ISRAÉLITE.

Il y a deux synagogues à Paris, l'une du rite portugais, l'autre du rite allemand. Celle-ci vient d'être reconstruite et enrichie des dons de M. de Rothschild, qui a fait cadeau à son église des chandeliers aux sept branches mystiques placés de chaque côté du tabernacle. (Rue Notre-Dame-de-Nazareth.)

Finissons cette nomenclature par :

L'église arménienne. — (Rue de Monsieur, 12.)
L'église grecque, à l'ambassade russe. — (Rue de la Fraternité, 12.)

XI. — LES CIMETIÈRES.

Nous commençons par le plus considérable de tous, par le *cimetière du Père-Lachaise*. Singulière destinée que celle de ce vaste emplacement qui, sous le nom de *champ de l'Évêque*, servit à la culture maraîchère, pour devenir ensuite, en 1347, le jardin de plaisance d'un bourgeois de Paris, nommé Regnault. La *Folie-Regnault* précéda de plusieurs siècles toutes les *Folies* des financiers de la Régence. Les jésuites reçurent ce château en don de Louis XIV, et y installèrent leur maison principale. La *Folie-Regnault* devint alors le *Mont-Louis*, et l'habitation de prédilection du Père Lachaise, confesseur de Sa Majesté. Vendu pour payer les dettes de la société, à l'époque de son expulsion en 1763, *Mont-Louis* fut acheté au prix de 160,000 fr. par la ville de

Cimetière du Père-Lachaise.

Paris, et transformé en cimetière. Les restes de La Fontaine, de Molière et de Beaumarchais y furent transportés.

Le *cimetière Montparnasse* ne date que de 1824. Le plus ancien des cimetières de Paris est le *cimetière Montmartre*, situé sur la commune de ce nom. On vient de l'agrandir il y a quelques mois.

Le *cimetière Picpus* n'est point d'un usage public. Il sert de lieu de sépulture à un certain nombre de personnages morts victimes des discordes civiles qui signalèrent la première révolution.

C'est à la Révolution que nous devons l'institution si utile des cimetières. Jusqu'en 89, les morts étaient enterrés autour des églises, et dans l'intérieur même de ces monuments.

LES CATACOMBES.

Du flanc de ces cavernes ténébreuses sont sorties les pierres qui ont servi à la construction de Paris, de ses maisons et de ses monuments. Le vide n'a pu être comblé. Il est là béant sous la ville, et menaçant de l'engloutir. Des éboulements assez fréquents avaient lieu autrefois. La surveillance incessante dont les Catacombes sont l'objet, et les travaux de réparation qu'on y exécute, rendent ces accidents impossibles.

Les romanciers et les dramaturges se sont emparés des Catacombes pour en faire le théâtre de leurs plus lugubres conceptions. La tradition est pleine de brigands, de faux-monnayeurs, d'assassins réfugiés dans les Catacombes. Il en était peut-être ainsi du temps de M. Pixérécourt; mais aujourd'hui ces souterrains sont aussi sûrs que les rues des principaux quartiers de Paris ; on y rencontre des ouvriers travaillant isolément ou par bandes, aux moyens de consolidation des voûtes. Il est impossible, avec la meilleure volonté du monde, de s'y égarer, pour peu qu'on ait le plan des Catacombes que l'administration a fait dresser rue par rue, et une lanterne. Une grande partie de ces souterrains est inondée pendant plusieurs mois.

Les os enlevés au charnier des Innocents ont été versés dans ces caveaux, qui prirent alors le nom de Catacombes, en souvenir des sépultures souterraines de Rome. Les os ont été façonnés en chapelles, en colonnes, en galeries, en ossuaires de toutes les formes. Ces monuments, d'architecture funèbre, ne sont plus visibles maintenant ; l'autorité, de crainte d'accident, en a interdit l'accès. C'est une grande perte pour les personnes qui lisent encore les romans d'Anne Radcliff.

LA MORGUE.

La Morgue actuelle, située à l'extrémité du quai du Marché-Neuf, fut construite en 1804. Avant, on exposait les corps dans une salle basse dépendant des prisons du Petit-Châtelet. Un greffier-concierge et un médecin sont préposés à la direction et à l'inspection de l'établissement, qui se compose d'une salle d'autopsie et d'une salle d'exposition. Les cadavres abandonnés à la Morgue sont transportés au cimetière dans une voiture spécialement affectée à cet usage.

XII. — LES PRISONS.

La Conciergerie. — Entre la tour de Montgommery et celle du grand César, qui flanquaient autrefois une résidence royale, on distingue la porte basse de la Conciergerie, une des plus anciennes prisons de Paris.

Les prisonniers qui doivent comparaître devant le juge d'instruction attendent le moment dans les *souricières*, autrefois *cuisines de Saint-Louis*. Ce sont des espèces de casemates voûtées. Les souvenirs de la Révolution occupent une grande place dans l'histoire de la Conciergerie. Danton et ses amis y attendirent l'heure de monter sur l'échafaud ; Marie-Antoinette y passa sa dernière nuit de souffrance.

Malgré son aspect terrible, la Conciergerie est, au fond, meilleure personne qu'elle n'en a l'air. On sollicite la faveur d'y être transféré, et cette faveur ne s'accorde qu'aux personnes privilégiées.

La Force. — Ancien palais du roi de Sicile Charles d'Anjou, et du roi de France Charles VII, propriété du chancelier de Birague, connue un moment sous le nom d'hôtel Saint-Paul, la Force, qui prend son nom du duc de La Force, ne devint une prison qu'en 1782. C'est la prison *Mazas* qui la remplace aujourd'hui. La prison Mazas est construite d'après le système cellulaire, et on y fait en grand l'essai de ce régime sur les prisonniers depuis trois ou quatre ans.

Sainte-Pélagie. — Ancien couvent de filles repenties dont la Révolution fit une prison en 1792. Célèbre par la détention des Girondins, de Béranger, de Lamennais, de Carrel et, par l'évasion des prisonniers républicains en 1836. Les vaudevilles de la Restauration ont popularisé Sainte-Pélagie, dont un pavillon servait de prison aux détenus pour dettes. C'est là que le financier Ouvrard subit son emprisonnement volontaire, et créa le sybaritisme de prison. Aujourdhui les *dettiers* sont renfermés dans la *Prison de Clichy*, où le régime, devenu plus sévère, n'est pas fait pour encourager les Ouvrard de l'époque actuelle.

Saint-Lazare. — Rue du Faubourg-Saint-Denis. C'est à Saint-Lazare qu'on enferme les femmes dont la condamnation ne dépasse pas un an de prison, et les filles soumises punies administrativement. Cette prison, ancien hôpital de lépreux, devint un couvent de Lazaristes, placé sous la direction de saint Vincent de Paul, qui mourut dans ce cloître en 1660. Sous l'ancien régime, les filous, les hommes de mœurs suspectes, étaient conduits à Saint-Lazare. Les ennemis de Beaumarchais eurent le crédit de l'y faire mettre. L'auteur du *Mariage de Figaro* n'y passa pas longtemps; il fallut céder au cri de la conscience publique, et le mettre en liberté au bout de trois jours.

Les Madelonnettes. — Rue des Fontaines-du-Temple. Autre couvent de filles repenties, déjà prison sous l'ancien régime à l'usage des femmes de mauvaises mœurs. On y place maintenant les prisonniers dont la jeunesse redoute la contagion des autres prisons. Quelques prisonniers politiques y sont admis également.

La Roquette. — C'est là que les condamnés aux travaux forcés attendent le départ de la chaîne; c'est là aussi que les condamnés à mort attendent l'heure de l'expiation. Les exécutions capitales se font maintenant sur le rond-point de cette prison.

Maison centrale d'éducation correctionnelle. — Rue de la Roquette, en face du Dépôt des condamnés. Cette prison reçoit les jeunes gens au-dessous de seize ans, acquittés comme ayant agi sans discernement. Les pères de famille obtiennent, sur une autorisation du président du tribunal civil, la faculté d'y faire enfermer leurs enfants pour un temps déterminé.

Le Dépôt. — C'est l'antichambre, pour ainsi dire, de toutes les prisons de Paris. On ne doit y séjourner que vingt-quatre heures; on y entasse tous les individus arrêtés pour un motif quelconque dans Paris. Une partie du dépôt est consacrée aux filles publiques, qui y subissent un emprisonnement pour des délits qui ne sont pas passibles de plus de deux jours de séquestration, ou qui y attendent le moment d'être transférées pour des délits plus graves aux Madelonnettes et à Saint-Lazare. Le Dépôt fait partie des bâtiments de la Préfecture de police.

L'Abbaye, qui servait de prison militaire, vient d'être démolie. La nouvelle maison de détention militaire est située rue du Cherche-Midi.

La maison de détention pour les gardes nationaux réfractaires (*Hôtel des Haricots*) se trouve rue de la Gare. On y montre une cellule dont les murs sont ornés de dessins et de vers dus au crayon et au charbon des Sylvio Pellico de la littérature et des arts, condamnés au *carcere duro* par le conseil de discipline.

XIII. — HOPITAUX.

On compte à Paris seize hôpitaux, onze hospices, quatre établissements de service général, quatre établissements divers d'assistance et de secours à domicile.

Les seize hôpitaux sont :

L'Hôtel-Dieu, situé parvis Notre-Dame; le plus ancien de tous, qui contient plus de 800 lits.

La Charité. — Rue Jacob, n° 17; 494 lits.

Sainte-Marguerite. — Rue de Charenton, 91; 355 lits.

Beaujon. — Rue du Faubourg-du-Roule, n° 54 ; 410 lits.

Saint-Antoine. — Rue du Faubourg-Saint-Antoine, n° 206 ; 284 lits.

Hôpital du Nord. — Clos Saint-Lazare ; 612 lits.

Hôtel-Dieu.

HÔPITAUX SPÉCIAUX.

Saint-Louis. — Rue des Récollets, n° 8 ; 853 lits. (Maladies cutanées.)

Midi. — Faubourg Saint-Jacques ; 336 lits. (Maladies vénériennes — Hommes.)

Lourcine. — Rue de Lourcine, n° 95 ; 276 lits. Maladies vénériennes — Femmes.)

Rue de Sèvres, 149. — 626 lits (Enfants.)

Rue de Port-Royal, 3. — 530 lits (Maison d'accouchement).

Hôpital des Cliniques. — Place de l'École-de-Médecine ; 134 lits.

Maison municipale de santé. — Rue du Faubourg-Saint-Denis, 110 ; 150 lits.

Salpêtrière ou Hospice de la Vieillesse — (Femmes), boulevard de l'Hôpital ; 1370 lits.

Bicêtre ou *Hospice de la Vieillesse* — (Hommes) à Gentilly ; 2,725 lits.

Service des Aliénés et Ferme Sainte-Anne. — 854 lits.

Hospice des Incurables — (Femmes). Rue de Sèvres, 54 ; 636 lits.

Hospice des Incurables — (Hommes). Rue des Récollets, faubourg Saint-Martin ; 497 lits.

Hospice des Ménages. — Rue de la Chaise, n° 28 ; 815 lits.

Hospice de La Rochefoucauld — à Montrouge ; 246 lits.

Institution de Sainte-Périne. — Rue de Chaillot, n° 99 ; 193 lits.

HOSPICES FONDÉS PAR DES PARTICULIERS.

Hospice Saint-Michel — à Saint-Mandé, près Paris ; 12 lits (fondateur M. Boulard).

Hospice de la Reconnaissance — à Garche ; 300 lits (fondateur M. Brezin).

Hospice de Villas. — Rue du Regard, 17 ; 35 lits (fondateur M. de Villas).

Hospice des Orphelins. — Rue d'Enfer, 74 ; 597 lits.

Bureau central d'admission, parvis Notre-Dame.

Amphithéâtre d'Anatomie, rue Fer-à-Moulin, n° 1.

XIV. — AMBASSADES, LÉGATIONS ET CONSULATS.

Autriche, ambassade rue de Grenelle-Saint-Germain, 87.
Bade, légation, rue de la Ville-Lévêque, 17.
Bavière, légation rue d'Aguesseau, 40.
Belgique, rue de la Pépinière, 97.
Brésil, légation rue de la Pépinière, 106.
Chili, légation rue de l'Université, 69.
Confédération Argentine, consulat rue Saint-Georges, 35.
Costa-Rica, consulat place de la Bourse, 1.
Danemark, légation rue de la Pépinière, 88.
Deux-Siciles, rue du Faubourg-Saint-Honoré 47.
République Équatoriale, consulat rue du Sentier, 12.
Espagne, ambassade rue de la Chaussée-d'Antin, 45.
États-Romains, nonciature rue de l'Université, 49.
États-Unis d'Amérique, légation rue de Martignac, 19.

Ambassade d'Angleterre.

Grande-Bretagne, ambassade rue du Faubourg-Saint-Honoré, 39.
Grèce, légation rue Ville-Lévêque, 26.
Hesse-Électorale, légation rue de Ménars, 4.
Hanovre, légation rue Ville-l'Évêque, 26.

Haïti, chargé d'affaires place de la Madeleine.
Mecklembourg-Schwerin, légation rue du Faubourg-Saint-Honoré, 35.
Mexique, légation rue de Rivoli, 10.
République de Nicaragua, chargé d'affaires rue de la Ferme, 13.

Nouvelle-Grenade, vice-consulat rue de l'Échiquier, 24.

Pays-Bas, rue de Hanovre, 28.

Pérou, consulat rue Saint-Lazare, 31.

Perse, consulat rue Saint-Honoré, 371.

Portugal, légation rue de Lille, 77.

Prusse, légation rue de Lille, 78.

Sardaigne, légation et consulat général rue Saint-Dominique-Saint-Germain, 135.

Saxe-Royale, légation rue du Faubourg-Saint-Honoré, 74.

Suède et Norvège, légation rue d'Anjou-Saint-Honoré, 74.

Suisse, légation rue Chauchat, 9.

Toscane, légation rue Caumartin, 3.

Turquie, ambassade rue des Champs-Élysées, 3.

République d'Uruguay, légation rue Notre-Dame-de-Lorette, 17.

République de Venezuela, rue du Faubourg-Poissonnière, 32.

Villes hanséatiques, légation rue Trudon, 6.

Wurtemberg, légation rue d'Aguesseau, 13.

XV. — LES MINISTÈRES.

Affaires-Étrangères.

Ministère d'État, au palais des Tuileries, entrée par la place du Carousel et la rue de Rivoli.

Ministère des affaires étrangères, situé quai d'Orsay, à côté de l'hôtel du président du Corps Législatif.

Ministère de la justice. L'hôtel du ministre est place Vendôme ; les bureaux sont rue Neuve-du-Luxembourg, 36.

Ministère de l'instruction publique et des cultes, situé rue de Grenelle-Saint-Germain, 108.

Ministère de l'intérieur, rue de Grenelle-Saint-Germain, 101 et 103.

Ministère de l'agriculture, du commerce et des travaux publics, rue des Saints-Pères, 28.

Ministère de la guerre, rue Saint-Dominique-Saint-Germain, 84.

Légion-d'Honneur, rue de Lille, 64.

Ministère de la marine et des colonies, à l'angle de la rue Royale et de la place de la Concorde.

Ministère des finances, rue de Rivoli, 48.

Préfecture de police, rue de Jérusalem.

XVI. — LES MARCHÉS.

Marché des Innocents. — Dans quelque temps, ce marché, le plus considérable de tous ceux de Paris, aura disparu pour faire place aux halles centrales, dont la première pierre fut posée par le Président de la République en 1852. C'est sur l'emplacement même du cimetière de l'église des Saints-Innocents que s'éleva, en vertu d'une ordonnance du lieutenant de police en 1785, le marché actuel.

Des constructions de ce marché datent de 1813 seulement ; auparavant les marchandes avaient pour tout abri de vastes parapluies et se tenaient dans des tonneaux. Les amateurs de mœurs pittoresques ne peuvent se dispenser de visiter les alentours du marché des Innocents. C'est le rendez-vous de tous les industriels nocturnes dont Paris abonde. La vie dans ce quartier exceptionnel commence à onze heures du soir, et finit à six heures du matin. Les récentes démolitions ont fait perdre à ce quartier une partie de sa physionomie originale. On regrette surtout la taverne de Paul Niquet ce *gin-palace* de tous les chiffonniers et rôdeurs de nuit parisiens.

Le marché ds Innocents est consacré à la vente des légumes et des fruits; environ 320 charettes apportent les légumes nécessaires à la consommation quotidienne de la capitale. Dans la saison des fruits 420 voitures et autant de bêtes de somme sont occupées à leur transport. Pour donner une idée de l'importance du commerce qui se fait à ce marché, il suffira de dire qu'on y vend approximativement pour 1,500,000 francs de salade par an.

Marché Saint-Honoré. — Construit sous l'ancien régime, les marchands y sont encore abrités sous de simples auvents.

Marché de la Madeleine. — Il date des dernières années de Louis-Philippe, et il est entièrement couvert.

Marché Saint-Germain. — A côté de l'église Saint-Sulpice. C'est en ce moment le plus complet et le mieux construit des marchés parisiens.

Marché Saint-Joseph. — Rue Montmartre. Entièrement couvert.

Marché Notre-Dame-de-Lorette. — Construction provisoire pour les besoins d'un quartier qui s'accroît tous les jours.

Marché aux Fleurs. — Quai aux Fleurs, les mercredis et les samedis.

— Place de la Madeleine, les mardis et les vendredis.

— Château-d'Eau, les lundis et les jeudis.

Le goût des fleurs est devenu une des passions dominantes de la population parisienne. On évalue à une douzaine de millions le chiffre annuel du commerce des fleurs dans la capitale.

Le plus important de tous ces marchés est celui du quai aux Fleurs : c'est là que se traitent les affaires les plus considérables.

Le Marché de la Madeleine est fréquenté par les acheteurs aristocratiques; on y vend les fleurs les plus chères et les plus rares.

Le Marché du Château-d'Eau est plus spécialement consacré à la femme d'employé, à la grisette, à la petite bourgeoise, en un mot. Tous ces marchés ont lieu jusqu'à présent en plein air, mais on sera bientôt obligé de construire un marché central pour les fleurs. Ce sera un thème gracieux pour nos architectes.

Marché aux Chiens. — Boulevard de l'Hôpital, tous les dimanches.

Le concierge du marché reçoit le signalement des chiens perdus, et se charge des recherches nécessaires pour les retrouver.

Une moyenne de 280 chiens est mise en vente chaque dimanche sur ce marché. Toutes les espèces y sont représentées, depuis le gigantesque terre-neuve jusqu'au bichon, pas plus gros qu'un rat.

Chaque chien est admis gratuitement au marché. S'il a besoin d'une muselière, le taux de location de cet instrument est de 25 cent.

Marché aux Chevaux. — Même emplacement que le précédent. Jours de marché : mercredi et samedi.

Le marché, construit en carré rectangulaire de 240 toises de long sur 44 de large, est ombragé par trois belles allées d'arbres, et orné d'une fontaine. Les chevaux sont parqués dans une barrière de bois divisée en loges portant chacune le nom du propriétaire de l'animal.

Un vétérinaire est attaché à la surveillance du marché

Il y a un emplacement pour l'essai des chevaux de trait. C'est un chemin pavé, circulaire, qu'on monte et qu'on descend, entouré de poteaux et de barrières, et ombragé par des arbres. Chaque cheval essayé paie un droit d'entrée de 25 cent.

On vend également dans ce marché des ânes et des chèvres. Prix d'entrée du cheval, 50 cent.; pour les voitures à deux roues, 75 cent.; pour les voitures à quatre roues, 1 fr. 10 cent. Les ânes et les chèvres paient 40 c.

LES HALLES. — LES ABATTOIRS.

La Halle au Blé. — Entre l'église Saint-Eustache

Halle au blé.

et l'Hôtel des Postes, non loin de la rue Saint-Honoré.

Au-dessus de la coupole de la Halle au Blé, on remarque une colonne qui servait, dit-on, d'observatoire astrologique à la reine Catherine de Médicis, pour qui fut bâti l'hôtel de Soissons, maintenant remplacé par le Grenier de Paris. Sous la Régence, les agioteurs de Law se réfugièrent dans les jardins de cet hôtel, qui prit la destination que nous lui voyons aujourd'hui, en 1762 seulement.

C'est à côté du Marché des Innocents, dans un bâtiment provisoire, qu'est placée la Halle à la Viande. C'est là que les bouchers et les bourgeois viennent s'approvisionner à la criée. C'est le moment de dire un mot des abattoirs.

Par un décret de l'année 1811, l'empereur Napoléon Ier supprima toutes les boucheries intérieures de Paris, et fit construire cinq grands abattoirs publics, outre les abattoirs secondaires.

Le plus vaste de ces abattoirs est celui de Popincourt, mais c'est à celui de l'avenue Trudaine qu'on abat le plus d'animaux.

L'Abattoir Montmartre est un bâtiment carré ceint de murs, et long de 400 mètres sur 150 mètres de largeur.

Les employés de l'établissement sont : 1 inspecteur de police, 1 inspecteur des boucheries, 1 sous-inspecteur, 4 surveillants pour l'abatage, 2 surveillants pour l'écorcherie et la triperie, 4 hommes de peine, 1 concierge, 1 portier.

Soixante individus sont occupés à l'abatage. Deux grands parcs, semés d'une herbe épaisse, servent de pâturage et de lieu de promenade au bétail.

Soixante-quatre boucheries sont établies dans les quatre cours de travail. Un bâtiment est consacré à la préparation du sang qui doit servir à raffiner le sucre, et plus tard à l'engrais des récoltes.

Un autre bâtiment sert à la triperie, puis vient une vaste salle pleine de pieds de moutons rangés symétriquement par paquets de douze. A côté sont les fondoirs, au nombre de quarante-huit. La ventilation y est si bien ménagée, que, même au milieu de la fusion, l'odeur du suif y est à peine sensible.

Les bœufs sont assommés à coups de maillet; on coupe la gorge aux veaux et aux moutons. Le prix de l'abatage est de 1 fr. à 1 fr. 50 cent. par tête. Le boucher, en outre, s'empare du sang, des cervelles et des boyaux.

Les animaux destinés à l'abatage sont reçus à toute heure dans l'établissement; la viande destinée à la consommation de la ville n'en sort que la nuit. La chair malsaine est envoyée au Jardin des Plantes, où elle sert de nourriture aux animaux féroces.

Le nombre des animaux tués à l'Abattoir Montmartre s'élève régulièrement à 900 bœufs, 400 vaches, 650 veaux et 3,500 moutons.

La Halle au Vin. — A côté du Jardin des Plantes, quai Saint-Bernard.

Entrez, et parcourez cette ville dont les rues portent les noms de nos principaux crus; vous descendrez tout à l'heure dans la ville souterraine où les produits de ces mêmes crus sont soigneusement conservés. Vous êtes dans la *Halle au Vin*, qu'on désigne communément sous le nom d'*Entrepôt*. Guillaume de Champeaux enseigna la philosophie, ou ce qu'il croyait être la philosophie, sur ce terrain où retentit maintenant le marteau du tonnelier; Abailard imprima la trace de ses pas sur ce sol.

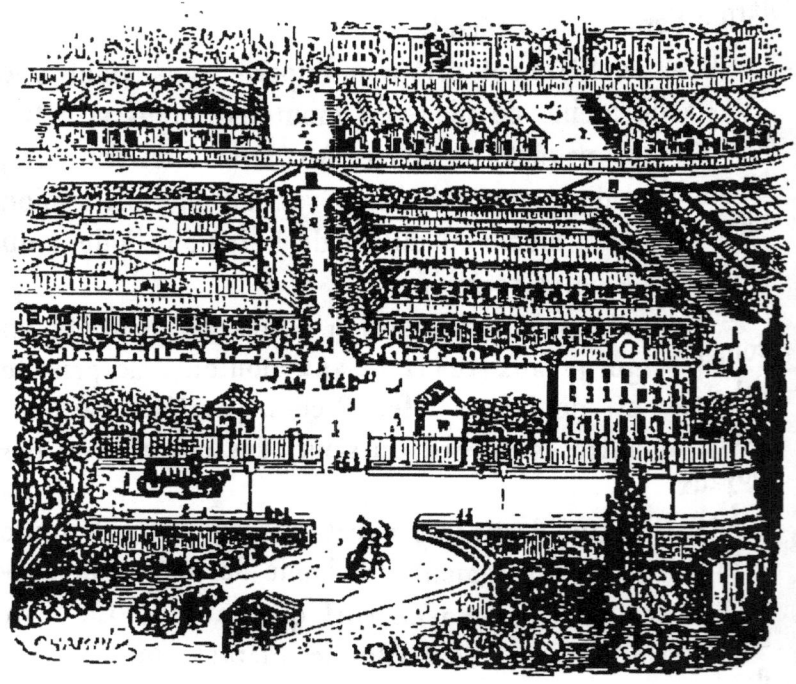

Halle au Vin.

A l'antique abbaye de Saint-Victor, un décret de Napoléon a fait succéder l'Entrepôt des Vins. Ainsi vont les choses de ce monde.

La Halle au Beurre. — Les chants des moines se faisaient entendre autrefois là où ne retentissent plus maintenant que les appels de l'employé vendant le beurre à la criée. C'est à la Halle du quai des Augustins que se débitent aujourd'hui le beurre, les œufs, la volaille et le gibier nécessaires à la consommation de la capitale. Pour donner une idée de cette consommation, il nous suffira de dire qu'on vend en gros, à la criée, pour 6 millions de beurre par an, et pour 5 millions 539,890 francs d'œufs.

La Halle au Poisson. — Les marchandes de marée occupent une baraque provisoire, non loin du Marché des Innocents. Parmi les dames de la Halle, ce sont les plus riches et les plus *fortes en gueule*, comme on dit communément. Elles sont la terreur des petites bourgeoises qui font elles-mêmes leur marché.

La Halle aux Huîtres. — Le commerce des huîtres, qui s'est élevé à 1 million 670,926 fr., a nécessité la création d'une halle spéciale pour la criée de ce mollusque. Cette halle est située à l'extrémité de la rue Montorgueil.

La Halle aux Draps. — En face du Marché des Innocents. C'est un vaste bâtiment, sans signification architecturale. L'institution dont il était le siége n'a plus sa raison d'être, aujourd'hui que les maîtrises sont abolies.

La Halle aux Cuirs. — Rue Mauconseil, sur le lieu même où les comédiens de l'Hôtel de Bourgogne donnaient leurs représentations. C'est plutôt un lieu de réunion pour les spéculateurs qu'un véritable entrepôt. On y reçoit fort peu de cuirs, eu égard à la fabrication générale. La majeure partie des produits de nos tanneries restent entre les mains des commissionnaires, qui se chargent d'en opérer le placement moyennant un droit de commission.

Le Temple. — Il est onze heures du matin, le *carreau*, c'est-à-dire la Bourse du Temple va commencer ; les chiffons vont être cotés officiellement sur ce grand marché européen. Les *chineurs* et *rouleurs* (marchands de vieux habits) ont terminé leur tournée matinale quotidienne, et les grandes affaires vont commencer.

Si l'agiotage, même celui des chiffons, est sans attraits pour vous, nous allons visiter les divers quartiers du Temple. Le quartier aristocratique s'intitule *Palais-Royal*. Les *beausses* et les *beausseresses* (riches négociants du lieu) ont là leurs boutiques pleines de marchandises de luxe et de toilette. C'est là que viennent s'entasser les dépouilles opimes de la lorette. Plus d'une bourgeoise vient se pourvoir d'un *décrochez-moi ça* (chapeau) chez les *niolleuses* (marchandes de chapeaux) du Palais-Royal.

Le Temple.

Ne vous effrayez pas trop du nom que porte la partie où nous pénétrons; elle s'appelle le *Pou volant*. Il y a encore une partie plus sale et plus puante, la *Forêt noire*, infecte patrie des *mastiqueurs* ou marchands de vieilles chaussures, industriels sans vergogne, habiles à dissimuler sous un mastic les lézardes des bottes et des souliers les plus éculés.

Écoutez la *râleuse* qui appelle le chaland, assise ou debout devant sa boutique ; entrez dans la boutique et faites vos emplettes, son *galifard* (commis) est là qui se chargera de les transporter à votre domicile.

Le commerce des *frusques* (vêtements) dans une grande ville comme Paris s'élève à un chiffre énorme. Que de *pelures* (on nomme ainsi ce qui compose le haut de la toilette, gilet, habit, redingote, paletot, etc.), que de *montants* (pantalons) viennent y finir honteusement une vie commencée dans le luxe et dans l'élégance. La rotonde du Temple est une des propriétés de Paris qui donnent le revenu le plus considérable. Elle forme une espèce de ville de bois divisée en deux séries dont les baraques, au nombre de plus de dix-huit cents, se louent à la semaine au prix de 1 fr. 50 c., payables d'avance.

La nuit venue, les habitants de cette Babylone des chiffons regagnent leur domicile, situé dans les quartiers voisins, et des gardiens armés veillent sur ces trésors de vieilles fanfreluches et d'oripeaux.

Le Temple, comme son nom l'indique, occupe la place où s'élevait la vieille forteresse des Templiers dont la dernière tour, aujourd'hui démolie, servit de prison à Louis XVI. Les chevaliers de Malte remplacèrent les chevaliers du Temple dans la propriété de ce lieu, qui jouit le dernier du droit d'asile, et où, à la veille de la Révolution, venaient encore se réfugier les débiteurs insolvables. Vendu comme propriété nationale, le Temple fut acquis par des particuliers qui eurent l'idée d'y faire construire la halle aux vieux habits que nous venons de décrire. Sous l'ancien régime ce commerce se faisait en étalage volant sur le marché des Innocents et sur le marché aux veaux.

Le marché des Patriarches. —Le chiffon ne finit pas au Temple. Il lui reste encore une dernière pérégrination à accomplir ; la dernière, par exemple.

Le chiffonnier ramasse les chiffons et les vend au chiffoniste. L'un est le producteur, le fabricant, l'autre le marchand.

Le chiffoniste étale sa marchandise au marché dit des Patriarches, parce que le terrain sur lequel il est établi a appartenu autrefois au patriarche de Jérusalem. Il est situé au haut de la rue Mouffetard.

Dire en quoi consiste la marchandise du chiffoniste n'est point chose aisée; nommer ces choses sans nom est impossible. Il faudrait inventer de nouveaux mots et une nouvelle langue.

On y trouve du reste tout ce qu'on voit au Temple : des habits, des pantalons, des gilets, des bottes, des souliers, des paletots, des manteaux, des robes et des chapeaux de femmes, de la soie, du velours, du satin, des fleurs, indescriptibles objets qui ont eu pour carton, pendant une longue nuit d'hiver, la hotte du chiffonnier, pandæmonium de loques qui fait d'une visite au marché des Patriarches une des excursions les plus curieuses qu'on puisse imaginer à Paris.

Mais, dira-t-on, ces loques, qui est-ce qui les porte, qui est-ce qui les achète? La misère descend-elle si bas qu'on trouve encore une clientèle à cette défroque de la boue et du ruisseau?

Cette clientèle existe, et elle est nombreuse. Cela est triste à dire, mais cela est ainsi.

XVII. — ÉTABLISSEMENTS D'UTILITÉ PUBLIQUE.

Les Postes.

Administration des postes. — Rue Jean-Jacques-Rousseau.

L'administration des postes occupe un local qui n'a aucune importance architecturale ou historique; il a été formé successivement au moyen de diverses acquisitions faites à des particuliers.

L'administration des postes se charge de transmettre les lettres sur tous les points du territoire français et au domicile de chaque citoyen.

On calcule qu'il y a en France environ cinq cent mille individus, préfets, sous-préfets, maires, chefs de services jouissant de la franchise postale pour les objets relatifs à leurs fonctions. Ce privilége n'est absolu que pour l'Empereur et le directeur général des postes.

Outre le directeur général, il y a un conseil d'administration composé de deux membres qui portent le titre d'administrateurs.

Le service général est partagé en cinq divisions, et l'administration forme une division du ministère des finances.

C'est à Louis XI qu'on attribue l'honneur d'avoir créé les postes en France et en Europe où elles étaient complétement inconnues avant lui. Cette création se borna à l'établissement de relais sur les grandes routes, lesquels relais facilitaient énormément l'envoi des dépêches royales; mais là se bornait leur utilité. Aussi le service des postes servit-il aux intérêts du roi plutôt qu'à ceux des particuliers jusqu'en 1653, où deux entrepreneurs, les sieurs Nogent et de Villenayer obtinrent le privilége pour le transport des lettres. Ce privilége devait durer quarante ans.

Les inventions les plus utiles sont celles qui mettent le plus de temps à réussir. La *petite poste* rencontra une opposition fort vive dans les habitudes un peu soupçonneuses de la bourgeoisie parisienne. On craignait d'autant plus de confier des secrets ou même de simples épanchements de famille dans des lettres, qu'on savait que les ministres ne se faisaient nul scrupule d'en briser le cachet.

C'est en 1792 que l'administration actuelle des postes reçut la forme définitive que nous lui voyons aujourd'hui, et qui lui a permis de réaliser des progrès si notables, et d'atteindre, dans tous ses services, à un degré de perfection qui en fait un établissement modèle.

Outre les bureaux de l'administration centrale, il y a à Paris 27 bureaux dont 12 d'arrondissement, où le public peut recommander et affranchir les lettres pour les départements et pour l'étranger, et envoyer ou recevoir de l'argent.

Il se fait journellement dans Paris sept levées de boîtes et par conséquent sept distributions. La première distribution commence à sept heures et demie du matin, et est terminée à neuf heures dans tout Paris.

La seconde distribution comprend les lettres du second courrier d'Angleterre, et celles recueillies à Paris dans les boîtes, de sept heures et demie à huit heures un quart.

Les troisième, quatrième, cinquième et sixième distributions comprennent, outre les lettres de Paris recueillies dans les boîtes, celles qui, à différentes heures de la journée, parviennent par les courriers supplémentaires ou par la voie des chemins de fer.

La septième distribution comprend les lettres de Paris pour Paris, recueillies dans les boîtes de cinq heures à cinq heures quarante-cinq minutes du soir, les lettres des courriers supplémentaires de Marseille, de Lyon, d'Italie et d'Algérie.

Lettres chargées ou recommandées. — L'affranchissement est obligatoire pour les lettres chargées, et facultatif pour les lettres recommandées. On reçoit dans tous les bureaux de Paris des lettres chargées et recommandées pour tous les lieux situés en France et en Algérie où la France entretient des bureaux de poste.

Les lettres chargées paient double taxe ; les lettres enregistrées ne paient, outre le port ordinaire déterminé par le poids, qu'une taxe fixe et supplémentaire de vingt-cinq centimes. Ces deux espèces de lettres doivent toujours être présentées aux bureaux et placées sous enveloppes scellées au moins de deux cachets en cire portant sur les quatre plis de l'enveloppe. On ne les remet que sur reçu.

Timbres-poste. — Le public est libre de combiner, comme il l'entend, l'emploi des figurines. L'affranchissement est valable toutes les fois que les timbres-poste employés représentent une valeur équivalente à la taxe due.

Les timbres-poste sont vendus dans tous les bureaux de poste, dans tout magasin où existe une boîte, chez les marchands de tabac et par les facteurs en tournée.

La taxe des lettres basée sur la distance a été abolie à partir du 1er janvier 1849, et remplacée par une taxe uniforme de 30 centimes pour toute lettre n'excédant pas le poids de 7 grammes et demi et adressée sur n'importe quel point de la France, de la Corse et de l'Algérie. La taxe pour Paris est de 15 centimes. L'affranchissement pour la province est de 20 centimes, et pour Paris de 10 centimes.

Manufacture des Gobelins. — Rue Mouffetard, 254.

Une famille de teinturiers célèbres, celle des Gobelins, a donné son nom au quartier qui contenait les terrains sur lesquels Louis XIV, ou plutôt Colbert, fit construire de vastes bâtiments pour la fabrication de divers produits de luxe, tels que bijoux, meubles, objets d'horlogerie, tapisseries. Le peintre Lebrun fut placé à la tête de cet établissement d'art industriel. En 1694, on supprima tous ces ateliers pour ne conserver que celui de tapisserie. Il existait un autre établissement du même genre, placé d'abord au Louvre, puis dans une fabrique de savon à Chaillot. La savonnerie fut réunie aux Gobelins en 1826.

Les Gobelins.

Les Gobelins contiennent une école de dessin. La manufacture est placée sous l'inspection d'un peintre. C'est M. Charles Muller qui remplit ces fonctions. Un membre de l'Institut surveille l'atelier de teinture et la confection des cercles chromatiques. Cet emploi est confié à M. Chevreul, qui fait aux Gobelins deux cours alternatifs, l'un de chimie appliquée à la teinture, l'autre de contraste des couleurs.

Le public est admis à visiter les salles d'exposition des produits de la manufacture sur une autorisation du ministère d'État.

Conservatoire des Arts et Métiers. — Le conventionnel Grégoire présenta, le 10 octobre 1794, un rapport sur la création d'un Conservatoire des Arts et Métiers. L'exécution de ce projet n'eut lieu que six ans plus tard, par décret du conseil des Cinq-Cents, qui affecta au nouvel établissement les bâtiments et dépendances de l'ancienne abbaye de Saint-Martin-des-Champs. En 1810, le

Conservatoire, qui n'était qu'un dépôt de machines, reçut une extension notable, et devint une école d'ingénieurs civils. Aujourd'hui, le nombre des cours qui y sont professés s'élève à treize.

Comme édifice, le Conservatoire présente des échantillons fort complets et fort intéressants de l'ancienne architecture religieuse, notamment le réfectoire, transformé en bibliothèque, la chapelle, une cour intérieure à arcades.

Le Conservatoire des Arts et Métiers vient d'être restauré entièrement.

XVIII. — LES PONTS.

La Seine est traversée par vingt-quatre ponts et passerelles, en y comprenant le *pont de Grenelle*, quoiqu'il soit jeté en dehors du mur d'enceinte.

Après le pont de Grenelle, le *pont d'Iéna* se présente. Construit en 1806 et terminé en 1813, les Prussiens voulurent le faire sauter en 1815. Louis XVIII s'y opposa. On vient de compléter sa décoration par la pose de statues aux quatre angles du pont, et d'aigles déployées au-dessus des piliers. En face l'Hôtel des Invalides.

Viennent ensuite :

Le *pont des Invalides*, en fil de fer.

Le *pont de la Concorde*, bâti presque entièrement avec les pierres provenant de la démolition de la Bastille.

Le *Pont-Royal*; il a remplacé l'ancien bac qui a donné son nom à la rue en face de laquelle il se trouve.

Le *pont des Saints-Pères*, construit en fonte.

Le Pont-Neuf.

Le *Pont-des-Arts*, en fer, à l'usage des piétons seulement.

Le *Pont-Neuf*, le plus connu et le plus populaire de tous les ponts de la capitale. Henri IV le termina en 1604. Sa statue y est encore.

Le *pont Saint-Michel.*

Le *Petit-Pont* (maintenant en voie de reconstruction).

Le *Pont-au-Double.*

Le *pont de l'Archevêché.*

Le *Pont-au-Change*, qui, au xvie siècle, était le rendez-vous de tous les oisifs de Paris. Un pont existait déjà à la place où est le Pont-au-Change à l'époque de Julien l'Apostat.

Le *pont d'Arcole*, en fil de fer, à l'usage des piétons. Son nom lui vient d'un élève de l'École Polytechnique, nommé d'Arcole, qui fut tué en cet endroit par la garde royale. Une ordonnance parue récemment a décidé la suppression de ce pont.

La *passerelle de la Cité.*

Le *pont Louis-Philippe.*

Le *pont de la Tournelle*, à l'extrémité duquel se trouvait la prison de la Tournelle, démolie en 1792.

La *passerelle de l'Estacade.*

Le *pont de Damielle.*

Le *Pont-Marie*, le dernier qui ait porté des maisons.

Le *pont d'Austerlitz*, qui conduit du boulevard Bourdon au Jardin des Plantes.

XIX. — LES PORTS.

Les lieux affectés au débarquement des marchandises et des personnes sur les rives de la Seine sont groupés en sept arrondissements.

1er *arrondissement*. — Ports de Bercy, d'Ivry et de la Rapée. Spécialement consacrés aux liquides. (Rive droite.)

2e *arrondissement*. — Ports de l'Hôpital, Saint-Bernard, des Tournelles, des Miramionnes. (Rive gauche.)

3e *arrondissement*. — Ports Louviers, au Poisson, aux Veaux, au Blé. Les chargements de fruits stationnent au Port-au-Blé, ainsi que les bateaux à vapeur de la Haute-Seine. (Rive droite.)

4e *arrondissement*. — Ports de l'École, de Saint-Nicolas, du Louvre, de la Monnaie et des Saints-Pères. C'est au port Saint-Nicolas que les grosses barques de la Basse-Seine s'arrêtent, et qu'on recueille les épaves des naufrages. (Rive gauche et rive droite.)

5e *arrondissement*. — Ports des Invalides, des Cygnes, de la Cunette, de Grenelle, de Javel, des Champs-Élysées, de Passy, du Point-du-Jour. (Rive gauche et rive droite.)

6e *arrondissement*. — Bassin de la Villette, Canal Saint-Denis, Canal de l'Ourcq.

7e *arrondissement*. — Canal Saint-Martin. Trois ans et demi ont suffi pour la construction de ce gigantesque travail, qui fut commencé en 1822.

XX. — LES FONTAINES.

Les principales fontaines de Paris sont :

La *Fontaine Molière*, élevée en 1844 à la mémoire de Molière. On y remarque la Comédie sérieuse et la Comédie légère, deux statues de Pradier.

La *Fontaine de la place Louvois*, formée de deux

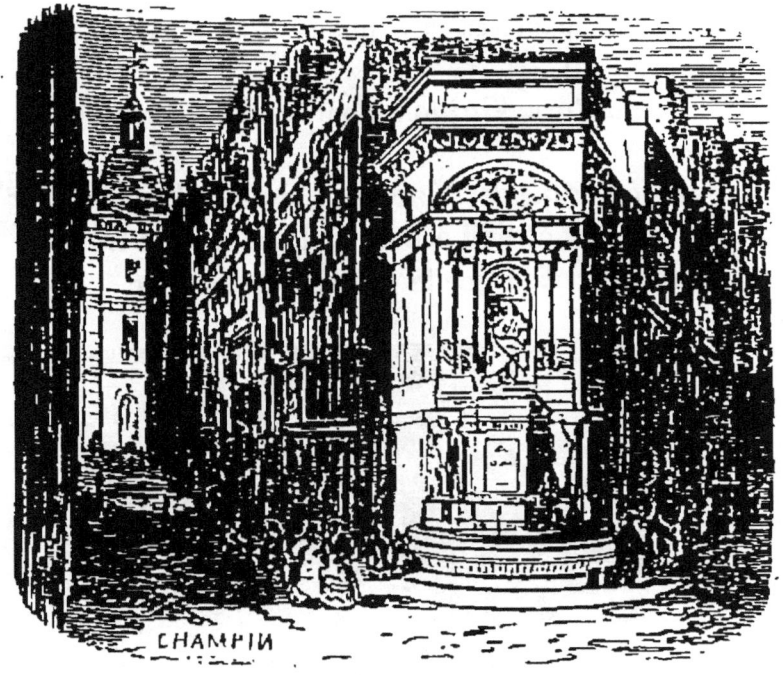

La fontaine Molière.

La fontaine Louvois.

vasques supportées par quatre statues de Fleures, en bronze.

La *Fontaine Gaillon*, dont les dessins sont de M. Visconti.

La *fontaine des Innocents*, de Jean Lescot et de Jean Goujon, qui ne doit pas rester là où elle se trouve maintenant, et pour laquelle on cherche un asile.

La fontaine des Innocents.

Les deux fontaines de la place de la Concorde; la fontaine de la rue de Grenelle, dont Bouchardon a fourni les plans et sculpté les statues; la fontaine du Rond-Point des Champs-Élysées; la fontaine de la place Saint-Sulpice, remarquable par les statues de Bossuet, Fénelon, Fléchier et Massillon; la fontaine Cuvier, qui remplace une ancienne fontaine dessinée par le chevalier Bernin; la fontaine ultra-gothique de Notre-Dame; la fontaine de la place Dauphine, élevée en l'honneur de Desaix; la fontaine de la rue de l'Arbre-Sec.

La Pompe à feu de Chaillot. — Cette pompe élève l'eau à 37 mètres au-dessus du niveau de la Seine, et la transporte dans des réservoirs construits sur l'éminence de Chaillot, d'où elle est distribuée par différents conduits dans Paris. Beaumarchais eut le premier l'idée de l'établissement d'une pareille machine. Elle fonctionne sur le quai de Billy.

Puits de Grenelle. — Il est situé dans l'abattoir même de Grenelle. L'ingénieur Mulot mit sept ans à le forer. La sonde avait pénétré à une profondeur de plus de 500 mètres. Le puits de Grenelle fournit 500,000 litres d'eau par jour.

XXI. — LES CASERNES ET LES ÉTABLISSEMENTS MILITAIRES.

Paris renferme 27 casernes, sans compter les forts détachés, qui servent aussi au logement des soldats.

La *caserne Napoléon,* qu'on vient de terminer derrière l'Hôtel de Ville, et qui peut contenir deux régiments, est la plus considérable de toutes ces casernes. La plus petite est la *Caserne-Sully,* à l'Arsenal, qui ne peut loger tout au plus qu'une centaine d'hommes.

La *caserne de l'École Militaire* peut renfermer 5,800 hommes et 800 chevaux.

La *caserne de Reuilly,* rue de ce nom.

La *caserne du Louvre*.

La *caserne de Babylone*, rue de ce nom. L'élève de l'École Polytechnique Vanneau fut tué à l'attaque de cette caserne en 1830.

La *caserne Bonaparte*, quai d'Orsay, ancien Hôtel d'Harcourt.

La *caserne du Mont-Blanc*, rue de Clichy. C'était là qu'était autrefois la célèbre guinguette de Ramponneau.

Les autres casernes ne sont que des bâtiments sans aucune signification.

L'Arsenal. — Il n'y a point de dépôt d'armes dans cet établissement, où l'on a établi la Direction générale des poudres et salpêtres, une raffinerie de salpêtre et une capsulerie.

Magasin général. — Quai des Invalides.

Manutention. — Quai de Billy.

XXII. — ÉTABLISSEMENTS COMMERCIAUX.

La douane.

Hôtel de la Douane. — Rue de l'Entrepôt, près le Canal Saint-Martin, avec lequel *l'Entrepôt* réel communique par un débarcadère.

Poids et mesures. — Bureau central rue Chanoinesse.

Hôtel des Commissaires-Priseurs. — Rue Chauchat.

Docks. — Administration générale près de l'Entrepôt.

Tribunal de Commerce. — Palais de la Bourse.

XXIII. — POMPES FUNÈBRES.

Le siége de l'administration centrale des Pompes funèbres est rue Miroménil, 55 ; elle a établi des succursales dans divers quartiers de Paris. Il y a sept classes d'enterrements. La recette brute de la compagnie adjudicataire de l'entreprise s'élève en moyenne à deux millions environ. La ville de Paris prélève un droit proportionnel sur chaque convoi.

XXIV. — PRÉFECTURE DE POLICE.

L'Hôtel de la Préfecture de police est situé rue de Jérusalem. Le budget de cette administration s'élève à 7 millions 709,000 fr. C'est Louis XIV qui centralisa la police de Paris, par la création d'un lieutenant général de police. La création des préfets de police date des premières années de l'Empire. Les bâtiments de la préfecture sont élevés sur un vaste terrain où existait autrefois un hôpital dans lequel on recevait les pèlerins. C'était aussi le siége du bailliage, où les bourgeois venaient exposer leurs griefs au bailli, magistrat populaire dont saint Louis ne dédaignait pas de remplir les fonctions.

Fourrière. — Rue Poliveau.

On dépose dans cet établissement tous les chiens errants qui paraissent aux agents de police pouvoir être réclamés par leurs maîtres. On les garde une semaine. Passé ce terme, on les met en vente s'ils ont quelque valeur, ou on les abat s'ils ne semblent pas dignes d'un acheteur.

Les personnes qui ont des chiens à réclamer doivent s'adresser au concierge de la Fourrière.

Chantier d'équarrissage. — Plaine des Vertus.

Cet établissement, construit par une compagnie, deviendra, dans trente et un ans, la propriété de la ville de Paris. C'est là qu'on envoie tous les animaux qui doivent être abattus, sous la surveillance d'un agent de police. Aucun animal ne peut rester là vivant, sauf certaines circonstances spéciales, plus de vingt-quatre heures.

Il est alloué aux chevaux, aux bœufs et aux vaches une botte de foin par jour, et une demi-botte aux ânes et aux mulets.

Les chiens et les chats sont en général tués par la police, et ne sont envoyés dans l'établissement que pour être écorchés.

Une machine à vapeur d'une force considérable convertit les corps des chevaux en huile avec laquelle on fabrique le bleu de Prusse. Les résidus sont vendus comme engrais.

XXV. — BANQUE DE FRANCE.

L'hôtel de la Banque fut bâti en 1620 sur les dessins de François Mansart, et après avoir passé à différents propriétaires, il fut acquis en 1713 par le comte de Toulouse, dont il a porté le nom alternativement avec celui du duc de Penthièvre, son fils, jusqu'à l'époque de la Révolution.

Banque de France.

L'hôtel Penthièvre devint alors propriété nationale, et on y installa différents services publics. L'imprimerie

Royale, fondée par François Ier et transférée en 1650 dans les galeries du Louvre, y resta jusqu'à la Convention nationale, qui la fit transporter dans l'ancienne habitation du comte de Toulouse en 1795.

Le portail actuel date de 1854 ; il remplace un ancien portail au haut duquel on remarquait des emblèmes révolutionnaires. Ce portail est bâti d'après le modèle de l'ancien, mais sur des proportions plus grandioses. Toute la partie des bâtiments situés sur la rue de la Vrillière jusqu'à celle des Bons-Enfants, a été regrattée et restaurée. L'hôtel de la Banque, réparé et agrandi, présente le caractère architectural qui convient au siège d'un des établissements financiers les plus importants de l'Europe.

XXVI. — HOTEL DES MONNAIES.

L'hôtel des Monnaies a eu pour parrain un financier d'une réputation assez hasardeuse. Ce fut l'abbé Terray, contrôleur général en 1771, qui posa la première pierre de cet édifice bâti sur les ruines de l'hôtel Conti.

Hôtel des Monnaies.

Cet hôtel renferme un musée de médailles et de monnaies présentant un grand intérêt pour les études numismatiques. Une armoire contient un spécimen de tous les outils dont on se servait autrefois pour la fabrication des monnaies. Une salle spéciale est remplie des modèles des machines qui étaient employées au même usage.

Ce musée est ouvert au public les mardis et vendredis de 1 heure à 3 heures, et aux personnes munies d'un passe-port ou d'une carte, les lundis et jeudis à la même heure.

Avec une permission particulière de l'administration on est admis à parcourir les ateliers et les laboratoires les mardis et vendredis de 10 à 1 heure.

XXVII. — LES MUSÉES.

Les musées de Paris sont célèbres dans le monde entier.

Nulle part, en effet, on ne trouve d'aussi belles collections, aussi riches, aussi variées en tableaux de toutes les écoles, sculptures, antiquités, objets d'art, tapisseries, porcelaines, bronzes, émaux, ciselures, ivoires, verroteries, etc.

Entrée du Musée.

Nous allons jeter un coup d'œil rapide sur les divers musées de Paris, en nous conformant, dans cette section comme dans les autres, à l'esprit de ce volume, qui se propose de montrer seulement l'aspect général des choses.

LE LOUVRE. — Le Louvre à lui seul est tout un monde.

Il ne renferme dans son enceinte pas moins de onze musées différents dont voici les noms :

1° Le musée de peinture ;

2° Le musée de sculpture antique ;
3° Le musée de sculpture moderne ;
4° Le musée des dessins ;
5° Le musée des gravures ;
6° Le musée de marine ;
7° Le musée dit *des Souverains* ;
8° Le musée égyptien ;
9° Le musée assyrien ;
10° Le musée américain ;
11° Le musée algérien.

Un mot seulement sur chacun de ces musées, qui représentent chacun une des parties de ce magnifique ensemble artistique que possède le Louvre.

Le musée de peinture. — François Ier en a été le fondateur.

Ce roi vraiment grand, malgré toutes ses fautes, a eu le bon esprit de comprendre que la France, si pauvre encore en fait d'art, n'avait rien de mieux à faire que d'emprunter à l'Italie quelques-uns de ses grands artistes et de ses chefs-d'œuvre, pour se former un premier fonds de tableaux et de peintures, et arriver ainsi progressivement à se créer une individualité artistique.

François Ier fit venir à sa cour Andrea del Sarto, le plus grand dessinateur du monde après Raphaël, l'immortel Léonard, le Primatice et plusieurs autres.

Une première collection de tableaux fut formée à Fontainebleau : transportée ensuite à Versailles par les ordres de Louis XIV, cette collection resta longtemps fermée au public et consacrée exclusivement aux yeux du roi et de la cour jusqu'en 1793.

La Convention (c'est là pour elle un vrai titre de gloire)

décréta que tous les tableaux réunis successivement par les soins de François 1er, de Mazarin et de Louis XIV, seraient placés dans la grande galerie de communication qui règne entre le Louvre et les Tuileries, et que le public y serait admis tous les jours.

C'est de là que date réellement la fondation de notre musée de peinture. On peut assurer en principe que la première condition d'un musée est d'avoir un accès libre et d'ouvrir ses portes à tout le monde.

Les principales écoles de peinture, les écoles italienne

Grande galerie du Louvre.

flamande, espagnole, française, etc., sont dignement représentées dans les salles du Louvre.

La plupart des grands maîtres y figurent; il en est

fort peu dont nous ne possédions des œuvres capitales ou tout au moins assez importantes pour permettre d'apprécier leur manière.

Nous donnerons le pas, comme toujours, à l'école italienne qui prend d'elle-même, dans tous les musées, le premier rang qu'on n'a jamais songé sérieusement à lui disputer.

Nous sommes peu riches en échantillons de peinture primitive; les Byzantins nous manquent.

Nous avons toutefois un excellent Cimabuë, une production assez médiocre de Giotto, deux Ghirlandajo, des portraits de Paolo Vecello, des toiles fort curieuses de l'architecte Brunelleschi et du statuaire Donatello. Mais ce ne sont là que des pièces éparses, insuffisantes pour quiconque voudrait suivre le développement chronologique de l'art.

Nous ne citerons pas en détail les magnifiques toiles que nous possédons et qui appartiennent à la grande époque de la peinture en Italie. Ce sont des œuvres trop connues, trop universellement admirées pour que nous ayons besoin même d'en rappeler les titres.

Tout le monde sait que nous sommes riches de plusieurs tableaux de Raphaël qui, pour être de moyenne grandeur, n'en sont pas moins au nombre de ses plus beaux ouvrages; d'admirables toiles de Léonard de Vinci, entre autres ses deux incomparables portraits, la *Joconde* et la *Belle Ferronnière*; des toiles du Corrége, son fameux *Sommeil d'Antiope*, que l'on considère comme une des plus belles pages de l'art; des Titien hors de ligne, des Paul Véronèse, entre autres les *Noces de Cana*; des Dominiquin, des Fra-Bartolomée, des Guide, des Guerchin, des Carache, des Salvator Rosa, etc.

Nous comptons aussi plusieurs tableaux des peintres hollandais et flamands, qui forment une des parties les plus intéressantes de notre musée de peinture.

On ne connaît vraiment Rubens que lorsqu'on l'a vu à Paris, qu'on a pu admirer cette suite si surprenante de grandes toiles connue sous le nom d'*Histoire de Marie de Médicis*, qui représente le résultat le plus prodigieux et le plus gigantesque de l'art moderne.

Nos Van Dyck sont admirables aussi bien que nos Rembrandt, qui sont pour la plupart d'inestimables chefs-d'œuvre.

Les toiles de Terburg, d'Ostade, de Teniers, de Gérard Dow, un grand nombre de nos Flamands, représentent des joyaux sans prix que nous envieraient à bon droit les galeries belges et hollandaises elles-mêmes.

L'école française, qui occupe dans la sphère de l'art un rang si distingué, même en se classant au-dessous des grandes écoles italienne et flamande, ne pouvait manquer d'obtenir une place très-importante dans les salles de notre Louvre.

On admire en première ligne Poussin, dont nous avons eu le bon esprit de conserver les principales toiles; Lesueur et son immortel saint Bruno; l'inimitable Claude Lorrain, Mignard, Lebrun, puis parmi les artistes du xviiie siècle ou du commencement du nôtre, Watteau, Greuze, Joseph Vernet, David, Prud'hon, et enfin Géricault.

Nous citons les écoles espagnole et allemande seulement pour rappeler que nous possédons trois œuvres capitales de Murillo : le *Jeune mendiant*; la *Conception de la Vierge*, achetée récemment au prix énorme de six cent mille francs à la mort du maréchal Soult, et la

Sainte Famille. Nous avons en fait d'allemands quelques Holbein et deux Lucas Kranach.

Ce simple coup d'œil général jeté sur l'ensemble de notre musée de peinture suffit pour donner un aperçu des richesses qu'il renferme. Il y a sans doute, comme dans tous les musées possibles, plus d'une œuvre inférieure ou médiocre, comme aussi plus d'une lacune qu'on désirerait voir combler.

Mais telle qu'elle est, et même après les diminutions cruelles qu'elle a dû subir en 1815, cette galerie n'en reste pas moins au premier rang parmi celles de l'Europe, unique même dans son genre par le nombre et la rareté des toiles d'un genre si divers que l'on trouve réunies dans une même enceinte.

Le musée de sculpture. — Le musée de sculpture est tout aussi riche et précieux que le musée de peinture.

Le musée de sculpture antique est entièrement séparé du musée de sculpture moderne, qui se trouve placé dans une autre partie des bâtiments.

Nous possédons parmi nos statues et nos bustes plusieurs morceaux d'élite qui appartiennent incontestablement à la plus belle époque de l'art grec.

La *Diane chasseresse*, la *Melpomène*, le *Gladiateur*, le *Marsyas*, surtout la *Vénus de Milo*, la dernière venue et la reine peut-être de tout notre musée; voilà de ces morceaux universellement classiques qu'il suffit de désigner pour constater la valeur et l'importance de la magnifique collection dont ils font partie.

Parmi les bustes des empereurs romains, plusieurs sont des chefs-d'œuvre; entre autres le Lucius Verus, qu'on ne se lasse pas d'admirer.

Les vases, bas-reliefs, sarcophages, une foule de statues de la belle époque romaine, moins pures sans doute que celles des âges grecs, mais qui n'en sont pas moins des œuvres d'une rare perfection, contribuent à l'ornement de ce musée, qui fait à si juste titre l'admiration des visiteurs et des artistes de tous les pays.

Le musée de sculpture moderne renferme presque exclusivement les œuvres de nos sculpteurs français.

La plupart de leurs productions représentent de beaux morceaux d'art et que l'on ne regarde pas sans un vif intérêt, même après les chefs-d'œuvre de l'antiquité.

On aime à retrouver toutes ces productions naïves, ingénieuses, fortes ou coquettes, laissées par nos Praxitèle et nos Lysippe nationaux, les Jean Goujon, les Germain Pilon, les Puget, les Coyzevox, les Couston, les Pigal, les Houdon, etc.

C'est une heureuse idée d'avoir songé à réunir tous nos anciens sculpteurs français dans ces mêmes salles où ils sont, on peut le dire, chez eux ; groupés naturellement d'après la diversité des manières et les faces successives du développement de l'art moderne, si intéressant à l'époque de la Renaissance.

Puisqu'il ne s'agit ici que d'une simple promenade, d'une première impression toute sommaire du musée du Louvre, nous ne ferons que désigner en passant les autres musées, très-curieux du reste dans le détail, et qui méritent d'être visités pas à pas et minutieusement, après qu'on s'est fait une idée générale de l'ensemble.

On ne manquera donc pas de voir notre belle collection de dessins et de gravures, si belle même après celle de Florence.

La nôtre a d'ailleurs l'avantage, et c'en est un réel au point de vue de l'intérêt des artistes et du public, d'être entièrement étalée dans des cadres, et de ne pas rester enfouie dans des cartons qui deviennent généralement les catacombes de l'art.

Musée des souverains. — On a réuni sous le titre de *musée des souverains* quelques-uns des insignes et ornements qui ont appartenu aux anciens rois de France, des armes, des vases, des bijoux, et entre autres objets, le fameux petit chapeau que portait dans ses batailles Napoléon Ier. Cette collection intéresse surtout les amateurs d'antiquités historiques.

Musée de marine. — Le *musée de marine* offre la série chronologique de tous les bâtiments maritimes qui ont été construits depuis les premières origines de la navigation jusqu'aux bateaux à vapeur les plus modernes.

Musée égyptien. — Le *musée égyptien* représente toute l'Égypte ancienne, artistique et religieuse, depuis les grands sarcophages, les sphinx, les momies et les énormes blocs de pierres hiératiques, jusqu'aux plus minutieux objets, aux moindres ustensiles et petits meubles qui se rattachent par quelque côté au culte, aux usages, à la vie domestique du peuple égyptien.

Musée assyrien. — Le *musée assyrien*, qui ne fait que commencer encore, offre ces gigantesques figures humaines surmontées de têtes de taureaux qui effraient à voir et sont le résultat des fouilles récentes entreprises avec un zèle des plus honorables, dans l'Asie Mineure, par la France et l'Angleterre.

Il n'est pas jusqu'à l'Algérie et à l'Amérique, deux pays assez pauvres jusqu'à présent en fait d'objets d'art, qui n'aient aussi leur musée spécial dans les bâtiments du Louvre.

On se plaint, non sans quelque raison, du peu d'intérêt

et de l'aspect puéril de ces collections d'armes, de fétiches, de vases grossiers et de mauvaises statuettes qui conviennent plutôt aux rayons d'un magasin d'antiquités qu'aux tablettes sérieuses d'un musée ouvert au public.

On admire la belle collection de vases étrusques qui fait suite au musée égyptien et complète si dignement cette inimitable collection de tant de chefs-d'œuvre, de curiosités, de richesses artistiques et archéologiques dont le simple aperçu justifie amplement l'éclatante et universelle célébrité dont jouit notre musée du Louvre.

Les salles du Louvre sont ouvertes tous les dimanches de 10 heures à 4.

Les autres jours, à l'exception du lundi qui est entièrement consacré au nettoyage des salles, les étrangers sont admis avec leurs passe-ports qu'il suffit d'exhiber au concierge.

A défaut de passe-port, il faut être muni d'une autorisation que le directeur des musées impériaux accorde sur demande.

LE MUSÉE DU LUXEMBOURG. — Le Musée du Luxembourg est exclusivement consacré aux œuvres des artistes modernes.

Une ordonnance de Louis XVIII, qui date de 1815, établit que les productions les plus remarquables des artistes vivants seraient placées dans les salles du palais du Luxembourg, et y resteraient dix années après la mort des auteurs, pour être ensuite transportées au Louvre, dans le cas où l'opinion du public, hautement exprimée en leur faveur, les appellerait à cette distinction.

On s'est plaint avec raison de l'escalier étroit et vraiment mesquin qui conduit à la galerie du Luxembourg.

On trouvera sans doute un jour ou l'autre le moyen d'introduire le public par une issue plus digne de lui dans l'intérieur d'un monument qui se recommande par son architecture imposante et sa magnificence extérieure.

Les productions de MM. Ingres, Delaroche, Delacroix, Scheffer, Horace Vernet, Gleyre, et de plusieurs autres contemporains célèbres, attirent le public à ce musée, qui offre un contraste et un sujet de comparaison très-curieux avec le musée de peinture ancienne que l'on a dû parcourir précédemment.

M. Ingres a trois toiles au Musée du Luxembourg : la plus remarquable est sans contredit le portrait de Chérubini, qui offre, comme la plupart des œuvres de ce grand maître, à côté des traces du travail et de la science, des qualités si réelles de charme et de séduction.

Les trois grandes toiles de M. Delacroix, ses *Femmes d'Alger*, son *Massacre de Scio*, *Dante et Virgile*, offrent toutes les qualités incontestables de coloris, de mouvement et de composition qui ont fondé la réputation de l'artiste.

La *Noce juive* est peut-être la production de M. Delacroix que l'on regarde avec le plus de plaisir : c'est toujours cette même toile merveilleusement éclairée, cette scène de la vie d'Orient si remplie à la fois de réalité et de grâce pittoresque.

La *Judith* de M. Horace Vernet, le *Dernier appel des condamnés* de M. Muller, les *Comédiens en province* de M. Biard, cet artiste du genre gai qui a transporté à la palette le procédé littéraire de Paul de Kock, tels sont les tableaux qui ont le privilége d'attirer le flot le plus épais des amateurs du dimanche.

On trouve dans la même galerie l'*Orgie* de M. Couture, cette longue série de figures très-habilement traitées, entourées d'accessoires brillants, et qui représentent, sinon un tableau proprement dit, au moins les éléments d'un tableau que l'auteur fera sans doute un jour ou l'autre.

On ne quitte guère la galerie du Luxembourg sans s'arrêter longtemps devant le *Soir* de M. Gleyre, rêverie charmante, œuvre toujours poétique et suave, et qui ira certainement au Louvre, où sa place est naturellement marquée.

On ne doit pas sortir du Musée du Luxembourg sans avoir regardé trois bons morceaux de sculpture, la *Toilette d'Atalante* de Pradier, la *Danseuse napolitaine* de Duret, qui est malheureusement devenue un peu vulgaire, mais surtout l'*Enfant à la Tortue* de M. Rude, que l'on ne se lasse pas d'admirer.

Les conditions d'entrée sont les mêmes pour le Musée du Luxembourg que pour celui du Louvre : entrée publique le dimanche, admission dans la semaine avec passeport ou permissions directoriales.

LE MUSÉE DE CLUNY. — Le Musée de Cluny, classé par sa destination à un rang inférieur aux deux grands musées du Louvre et du Luxembourg, est le centre et le foyer le plus complet de cet art curieux, délicat, souvent un peu puéril, qui a reçu dans l'usage ordinaire la dénomination assez peu relevée sans doute, mais très-caractéristique, de *bric-à-brac*.

Ce musée, formé dans l'enceinte de l'ancien cloître Cluny, qui offre déjà par lui-même un monument très-intéressant à étudier, a eu pour origine une collection particulière, celle de M. Dusommerard, un archéologue des plus éclairés, fanatique admirateur de toutes les curiosités et antiquités du moyen âge.

M. Dusommerard avait réuni dans l'Hôtel Cluny, qu'il

Musée de Cluny.

habitait, une foule d'objets rares, de vieux habillements, d'ustensiles anciens, d'émaux, de dressoirs, de missels, de parchemins ornés, d'ivoires, de ciselures, etc.

Le gouvernement de Juillet a eu le bon esprit de sentir qu'une pareille collection ne devait pas être dispersée ni passer à l'étranger, comme il n'arrive que trop souvent dans nos ventes de tableaux et d'objets d'art.

Il acheta donc cette collection, assez riche par elle-même pour mériter le nom de *musée*, et eut en même temps la pensée équitable et généreuse de lui conserver le nom de son fondateur.

Le musée de l'Hôtel Cluny a été appelé et s'appelle encore souvent le *Musée Dusommerard*.

Il est peu de pièces curieuses, d'ustensiles caractéristiques appartenant aux vieux siècles qu'on ne retrouve dans cette singulière collection, qui embrasse tous les détails, on peut même dire tous les hochets du moyen âge et de la renaissance.

On admire surtout une très-belle réunion de vêtements ecclésiastiques étalés dans une des salles du bas, et qui mérite d'être considérée comme un appendice pittoresque de l'histoire du catholicisme au point de vue du costume.

Ne pas oublier, après qu'on a visité le Musée de Cluny,

Thermes de Julien.

de jeter au moins un coup d'œil sur le *Palais des*

Thermes, l'ancienne résidence de l'empereur Julien ou peut-être de son aïeul Constance Chlore.

On pénètre dans le Palais des Thermes par l'Hôtel de Cluny. Les objets qu'on y a déposés, et qui se rapportent en grande partie à la période gallo-romaine, s'adressent plus spécialement aux archéologues qu'aux simples amateurs.

On éprouve cependant un certain plaisir à parcourir les restes de cet ancien monument, qui sert à donner une idée exacte de ce qu'étaient les établissements de bains chez les anciens.

Les parties du *Palais des Thermes* que le temps a conservées représentent surtout les salles de bains.

Parmi les objets conservés dans ce musée, on remarque principalement l'espèce de tronçon de sculpture gallo-romaine, reste d'un monument qui fut, comme l'indique l'inscription votive, consacré à Jupiter.

Bien qu'on hésite sur le caractère et l'origine des figures qui se trouvent sur les pierres, et qu'on n'ait pu encore décider si elles avaient été, dans le principe, des dieux ou de simples mortels, il n'en est pas moins vrai que c'est là une relique archéologique très-précieuse, et qui suffit à elle seule pour justifier l'emploi des quelques instants consacrés à parcourir les salles de ce vieux palais.

LE MUSÉE D'ARTILLERIE. — Terminons cette indication sommaire des musées de Paris, en rappelant qu'il existe place Saint-Thomas-d'Aquin, sous le nom de *Musée d'artillerie*, une collection d'armes des plus magnifiques, et dont on ne trouverait nulle part le pendant en Europe.

On peut suivre tout le développement historique des

armures, depuis les pièces primitives, les haches celtiques, les épées et rondaches, qui remontent à l'époque de la chevalerie et des tournois, jusqu'aux derniers perfectionnements des armes à feu.

On admire, dans la salle des armures, dix-huit magnifiques trophées composés de cottes de mailles, cuirasses,

Musée d'artillerie.

gantelets, brassards, etc., qui offrent un spectacle des plus imposants.

Les armes à feu occupent à elles seules trois galeries. Aucun modèle de mousquets, d'arquebuses, de carabines, de fusils à main ou de rempart n'a été omis.

D'autres salles sont consacrées exclusivement à l'artillerie; on y voit des bombardes en fer, qui remontent à la découverte de la poudre, des modèles de canons de tous les calibres et de tous les pays.

Quiconque veut faire une étude historique et complète des moyens de destruction que les hommes ont inventés les uns contre les autres, à toutes les époques, peut trouver dans cette collection amplement de quoi se satisfaire.

L'administration délivre, sur demande écrite, des cartes d'admission pour le musée d'artillerie, qui est ouvert tous les jours de midi à quatre heures.

XXVIII. — LES BIBLIOTHÈQUES.

Paris est fier à bon droit de ses bibliothèques, plus encore peut-être que de ses musées.

Les chefs-d'œuvre de l'esprit humain méritent de passer même avant ceux des arts. N'est-ce pas un sujet d'orgueil très-légitime après tout pour la capitale d'un État puissant, de pouvoir se dire qu'elle possède dans son sein à peu près tous les ouvrages imprimés, la plus riche collection de manuscrits, tout ce qui intéresse à un degré quelconque les lettres, les sciences, l'érudition, les littératures de tous les pays et de toutes les époques?

On compte à Paris sept grandes bibliothèques publiques.

C'est déjà un avantage très-réel d'avoir pu disséminer les richesses bibliographiques sur plusieurs points d'une ville aussi vaste. Le savant, l'érudit, l'homme de lettres, quel que soit le quartier qu'il habite, sont ainsi à peu près certains d'avoir à leur portée un de ces grands dépôts de livres à peu près indispensables à l'accomplissement des travaux intellectuels de longue haleine.

Les sept bibliothèques principales sont :

1º La Bibliothèque Impériale ;
2º La Bibliothèque Saint-Geneviève ;
3º La Bibliothèque Mazarine ;
4º La Bibliothèque de l'Arsenal ;
5º La Bibliothèque de la Sorbonne ;
6º La Bibliothèque du Louvre ;
7º La Bibliothèque de l'Hôtel de Ville.

Il faut joindre à ces dépôts de livres déjà si considérables plusieurs bibliothèques particulières qui sont annexées à certains grands établissements publics et consacrées aux diverses branches spéciales des études ou des services publics.

Ainsi, l'École de Médecine a sa bibliothèque, l'École de Droit a la sienne, le Muséum d'Histoire Naturelle a la sienne également, où l'on trouve, pour le dire en passant, la plus belle collection d'oiseaux et d'animaux coloriés sur vélin, et exécutée par les artistes les plus habiles.

Plusieurs ministères, le Conseil d'État, l'Institut, le Conservatoire des Arts et Métiers, l'École des Beaux-Arts, le Conservatoire de Musique, le Corps Législatif et une foule d'autres établissements ont également leurs bibliothèques. Elles ne sont pas ouvertes au public, mais on y trouve facilement accès, pour peu qu'on ait à fonder une demande sur des recherches, des compilations à faire dans les ouvrages que renferment ces diverses bibliothèques particulières.

Ce mot de *bibliothèque* ne doit nullement effrayer le visiteur et l'étranger qui est venu à Paris dans un but de plaisir et non d'étude et de bibliographie.

La plupart des bibliothèques parisiennes contiennent

une foule d'objets rares et précieux faits pour intéresser le simple promeneur au moins autant que l'érudit de profession.

On peut donc être sûr d'avance que le temps consacré à ces sortes de visites ne sera pas du temps mal employé, même au point de vue de la simple distraction et du loisir.

Bibliothèque impériale. — Nous commençons nos indications par la Bibliothèque Impériale, qui a le pas sur toutes les autres, non-seulement sous le rapport de l'importance du dépôt, mais aussi à cause des richesses innombrables d'archéologie, de bibliographie, de numismatique et de chalcographie qu'elle renferme.

On sait que la Bibliothèque Impériale est considérée comme la plus riche collection d'ouvrages imprimés qui ait jamais été formée. On estime à plus d'un million le nombre de livres qui se trouvent à l'heure qu'il est rangés sur ses tablettes.

Quelle mine inépuisable de recherches pour le savant, l'écrivain, l'érudit! Que sera-ce donc lorsqu'on aura pu accomplir entièrement les progrès nécessaires que l'on poursuit tous les jours dans les détails du service, l'arrangement des ouvrages souvent si difficiles à découvrir dans une pareille immensité de volumes, surtout la constitution définitive du catalogue qui doit contribuer si puissamment à introduire partout l'ordre et la lumière!

La Bibliothèque Impériale est située sur le vaste emplacement compris entre les rues Richelieu, Vivienne, Colbert et Neuve-des-Petits-Champs.

Nous indiquerons très-rapidement et comme dans une première visite les principaux objets curieux et précieux renfermés dans les diverses salles de la Bibliothèque

Impériale et qui sont de nature à attirer particulièrement l'attention des visiteurs.

On entre par la rue Richelieu, et on se trouve d'abord dans une belle cour plantée d'arbres, ornée d'une fontaine, et d'une statue de Charles V assez médiocre.

Cette cour, plantée d'arbres dans certaines parties, a quelque chose de calme et de taciturne qui rappelle l'enceinte des cloîtres. Elle forme un heureux contraste avec le quartier plein de mouvement et d'agitation où se trouve située la bibliothèque. L'esprit aime à avoir certaines impressions sérieuses et recueillies en pénétrant dans le séjour de l'étude et de la science.

Nous ne nous occuperons pas ici des origines historiques de la Bibliothèque Impériale. Nous rappellerons seulement que sa fondation remonte au règne de Charles V.

Louis XI, Louis XII, François Ier, Louis XIII, Louis XIV, la plupart de nos rois ont contribué successivement à agrandir les bâtiments, à augmenter le nombre des volumes. Le fonds primitif a été sans cesse enrichi de toutes les collections particulières de livres qui ont été achetées à diverses époques.

Ces achats, joints à la loi du dépôt qui impose à quiconque publie un ouvrage nouveau d'en remettre deux exemplaires à la Bibliothèque Impériale, ont formé ce riche fonds de livres qui existe actuellement et qui s'accroît nécessairement chaque jour.

Les salles du premier étage, que nous allons parcourir, sont spécialement consacrées aux imprimés.

On ne manquera pas de donner quelques instants d'attention au fragment de mosaïque ancienne représentant Thétis et Triton, qui se trouve au pied du grand escalier, ainsi que la très-curieuse tapisserie suspendue au mur du palier, qui a appartenu au château de Bayard.

Nous entrons d'abord dans une salle où se trouve le modèle en plâtre bronzé de cette fameuse statue de Vol-

Grande salle de la Bibliothèque Impériale.

taire que l'on voit sous le vestibule du Théâtre-Français, un des meilleurs ouvrages de Houdon, qui a su jeter tant de malice, de vie et de lumière sur le masque du prince de l'esprit et du sarcasme.

Le plan en relief des pyramides d'Égypte que l'on voit dans la salle suivante n'offre pas un très-grand intérêt et peut être examiné assez rapidement.

Il n'en est pas de même de l'admirable collection de reliures que l'on trouve dans la salle qui vient ensuite. Cette collection embrasse l'histoire entière de la reliure, qui représente, comme on sait, tout un art spécial.

Les livres les plus anciennement reliés forment un intéressant et curieux contraste avec les livres reliés seulement d'hier, et qui prouvent que nos ouvriers, ou pour mieux dire nos artistes actuels, n'ont pas dégénéré sur leurs anciens, sous le rapport du goût et de la richesse.

On trouve dans cette même pièce des spécimens de l'imprimerie de toutes les époques.

On remarque, en fait de pièces typographiques rares et précieuses, un psautier imprimé en 1457 par Faust et Schœffer. Ce psautier peut être considéré comme un des premiers produits de l'imprimerie, récemment découverte, et qui s'annonçait dans le monde par des chefs-d'œuvre.

Dans une galerie à droite, nous apercevrons le fameux *Parnasse* en bronze de Titon du Tillet, où se trouvent réunis les principaux poëtes et artistes de la cour de Louis XIV. Cette composition, fort contestable au point de vue du goût, ne laisse pas d'attirer la plupart des promeneurs qui parcourent cette galerie.

Nous noterons dans cette même salle la tour en porcelaine fabriquée à Canton, que les jésuites des missions offrirent à Louis XIV.

On a lieu de regretter que les dispositions matérielles du bâtiment, et la très-juste mesure qu'on a prise en interdisant aux promeneurs les abords des salles de lecture, privent ceux-ci de contempler de près les deux grands globes vraiment surprenants et curieux qui représentent, l'un les constellations célestes, et l'autre le globe de la terre.

Ces globes, dont on s'est souvent moqué sans trop savoir pourquoi, n'en sont pas moins intéressants à voir, non pas seulement à cause de l'énormité de leur masse, mais aussi à cause de l'élégance de leurs proportions, et du goût réel que leur auteur, Pietro Coronelli, de Venise, a su déployer dans l'ensemble et les accessoires.

On a remarqué avec beaucoup de justesse que ces deux globes seraient bien plus convenablement placés dans un musée historique, tel que celui de Versailles, que dans les salles déjà si encombrées de la Bibliothèque Impériale.

Le visiteur, même le moins curieux et le moins empressé de s'instruire, ne négligera certainement pas de pénétrer dans les salles des manuscrits.

Sans être le moins du monde savant collectionneur ou fanatique d'autographes, il n'est personne qui n'éprouve un certain plaisir à avoir sous les yeux l'écriture des grands hommes, des grands penseurs, des poëtes célèbres. Il semble que l'on entre ainsi en communication plus directe avec leur génie.

Des lettres d'Eginhart, de Louis XIV, de Colbert, de Molière, dont les autographes sont si rares qu'ils se paient au poids de l'or dans les ventes, ne peuvent manquer d'exciter l'intérêt au moins pendant quelques instants.

Les autographes français ne sont pas seulement représentés dans les galeries des manuscrits.

On aperçoit derrière les rayons plusieurs autographes des étrangers célèbres, ainsi que des monuments authentiques des principaux idiomes orientaux.

Une des dernières pièces dont s'est enrichie la collection des manuscrits de la Bibliothèque, est une lettre de lord Byron, qui a été offerte par le comte d'Orsay.

On évalue à 90,000 le nombre des volumes renfermés dans ce département de la Bibliothèque.

On admire un grand nombre de missels et de parchemins enrichis de figures peintes, de lettres en relief, de tous ces ornements, dorures, enjolivements, qui attestent si bien le goût et la patience des religieux du moyen âge.

Nous n'avons pas à faire ressortir ici en détail les richesses qui composent cette collection unique assurément dans le monde.

On y trouve les documents et les archives de toutes les littératures et de toutes les civilisations. Nous tenons surtout à ce qu'on sache bien que, non pas seulement l'esprit, mais l'œil aussi, la simple curiosité du visiteur trouve amplement à se satisfaire dans ces salles remplies d'objets uniques et merveilleux.

On quittera les salles des manuscrits pour entrer dans celle des médailles.

La Bibliothèque Impériale ne possède pas moins de 150,000 médailles. Plusieurs sont si précieuses et si rares, qu'on peut dire qu'elles sont sans prix.

On a eu le soin d'exposer dans des montres un grand nombre de camées, d'agates, d'onyx, de pierres gravées, de figurines en bronze, de médailles antiques.

On se figure aisément qu'on s'est attaché à choisir de préférence les pièces les plus précieuses par l'ancienneté ou par le fini de l'exécution.

On remarquera parmi les camées celui qui représente l'apothéose d'Auguste. On le considère comme un des plus parfaits parmi ceux que l'antiquité nous a laissés.

La réputation de notre Cabinet des médailles est trop universellement établie pour que nous ayons à faire ressortir plus longtemps l'intérêt d'art, au moins autant que d'étude et d'archéologie, qu'on ne peut manquer de trouver en parcourant la salle qu'il occupe.

Nous terminerons notre rapide tournée dans les salles de la Bibliothèque Impériale en visitant la galerie des estampes, qui contient les magnifiques eaux-fortes de Rembrandt, les œuvres de Duret, de Marc-Antoine, de Nanteuil, etc.

La salle d'entrée seule représente un véritable musée chalcographique, un choix, une élite d'œuvres, qui est à l'art de la gravure ce que la fameuse *Tribune* de Florence est à la peinture et à la statuaire.

On a eu le soin de réunir dans cette salle d'entrée les gravures les plus parfaites, que l'on a exposées dans des cadres de verre qui permettent aux visiteurs de jouir de leur vue, sans nuire aux artistes et aux dessinateurs qui se pressent dans les salles, malheureusement fort étroites, consacrées au travail.

Le département des estampes est considéré comme un des plus riches et des mieux fournis.

Toutes les œuvres gravées des grands maîtres, les épreuves uniques, les cartes, les plans de tous les pays du monde et des moindres villes, des dessins originaux très-nombreux, les grands voyages, les grandes expéditions scientifiques à gravures composent le fonds de cette admirable collection.

On y trouve, dans une suite d'imenses in-folio, les annales de la caricature étrangère et française depuis les premières tentatives du moyen âge jusqu'aux dernières figures crayonnées par Gavarni, Daumier et Cham.

Le département des estampes manque de catalogue, ainsi que celui des imprimés. On poursuit avec activité ce travail si vaste et si minutieux. Puisse-t-il ne pas manquer longtemps encore aux vœux bien légitimes des artistes et des travailleurs qui en tireront un si grand profit!

La Bibliothèque Impériale est ouverte tous les jours pour les travailleurs, de dix heures à trois heures, excepté les dimanches, les jours de fête et aux époques de vacances, qui sont indiquées par un écriteau placé sur la porte d'entrée.

Les galeries sont ouvertes pour le public le mardi et le vendredi de chaque semaine.

Bibliothèque Saint-Geneviève. — La Bibliothèque Sainte-Geneviève est située sur la place du Panthéon, entre l'École de Droit et l'église Saint-Étienne-du-Mont.

Bibliothèque Sainte-Geneviève.

Elle est installée dans les bâtiments qu'elle occupe maintenant seulement depuis 1850.

La salle principale, construite sur un plan entièrement nouveau et décorée avec beaucoup de luxe, peut contenir plus de 400 lecteurs. On se figure sans peine l'aspect imposant que présente cette salle qui suffit par elle-même pour attirer les visiteurs à la Bibliothèque Sainte-Geneviève.

Cette bibliothèque, avant d'occuper le local où elle se trouve aujourd'hui, avait été établie dans une galerie également très-curieuse, en forme de croix, qui avait été construite au-dessus de l'ancienne abbaye de Sainte-Geneviève.

Cette galerie fait partie maintenant des bâtiments du lycée Napoléon. On y remarquait une coupole très-élégante décorée par Restout, qui avait peint à fresque, dans l'intérieur, l'apothéose de saint Augustin.

En 1843, on transporta les livres de la Bibliothèque Sainte-Geneviève dans l'ancienne enceinte du collège Montaigu, rendu si célèbre par les plaisanteries d'Erasme et de Rabelais.

La Bibliothèque Sainte-Geneviève est riche surtout en ouvrages de théologie : elle possède de cent à cent dix mille volumes.

On admire dans sa riche collection des Aldes et des Elzevirs de la plus belle conservation, ornés de magnifiques reliures.

On cite aussi une réunion très-complète de livres imprimés à la fin du xve siècle, qui représentent les précieux témoignages des commencements de l'imprimerie.

La plus belle collection de *Variorum* que citent les bibliophiles se trouve à la bibliothèque Sainte-Geneviève.

Elle doit ce trésor inestimable aux soins du savant Daunou, qui a tant fait pour cette bibliothèque, dont il était administrateur. La collection des *Variorum* achetée par lui faisait partie de la Bibliothèque particulière du pape Pie VI.

On ne manquera pas de demander à voir les beaux manuscrits que possède la Bibliothèque Sainte-Geneviève.

Plusieurs de ces manuscrits sont ornés de miniatures merveilleuses. On cite entre autres raretés une traduction de saint Augustin qui est illustrée d'admirables figures, un évangéliaire du ixe siècle, une bible du xiiie siècle qui a été transcrite à Cantorbery et passe avec raison pour un prodige de calligraphie.

La Bibliothèque Sainte-Geneviève possède de plus un cabinet des estampes qui est très-loin d'être dénué d'intérêt.

On y voit les portraits des rois de France de la maison de Bourbon faits au pastel; un portrait, qui est l'unique, de la fameuse religieuse négresse, la fille naturelle de Louis XIV; un portrait de Marie Stuart, dont elle-même a, dit-on, fait présent aux religieux de l'abbaye de Sainte-Geneviève.

La Bibliothèque Sainte-Geneviève est ouverte tous les jours, excepté le dimanche, de dix heures du matin à trois heures, et le soir de six heures jusqu'à dix.

Cette bibliothèque est la seule, avec celle de la Sorbonne, qui ait des séances du soir.

L'affluence des travailleurs, qui s'y portent en si grand nombre qu'ils sont souvent obligés de prendre des numéros d'admission, prouve qu'il serait fort à désirer de voir cette institution des séances du soir étendue aux autres bibliothèques.

Bibliothèque Mazarine. — La Bibliothèque Mazarine possède cent cinquante mille volumes.

Elle est située sur la rive gauche de la Seine, à l'extrémité du pont des Arts et dans la même enceinte que l'Institut.

Aucune bibliothèque n'a de plus vastes débouchés, des cours plus spacieuses, des alentours plus calmes et plus ouverts.

La vue de la Seine, que l'on aperçoit des salles de lecture, offre un coup d'œil des plus attrayants pour les travailleurs, qui ne sont pas fâchés d'avoir devant eux un spectacle riant et animé pour se reposer de temps en temps de leurs recherches.

La Bibliothèque Mazarine, qui a commencé par être administrée par le patron, le chef de tous les bibliophiles du monde, l'érudit et spirituel Gabriel Naudé, passe pour être la plus riche de toutes en fait de raretés bibliographiques.

On remarque dans une des salles les copies en gypse colorié des fameux monuments pélasgiques de la Grèce et de l'Italie, découverts par Petit-Radel.

On se souvient du bruit que fit cette découverte, et de la révolution qu'elle opéra dans le monde des archéologues, habitués jusqu'alors à ne point porter leurs vues et leurs recherches au delà du monde étrusque.

La Bibliothèque Mazarine a les mêmes heures d'entrée que les bibliothèques précédentes.

Bibliothèque de Arsenal. — La Bibliothèque de l'Arsenal possède près de 200,000 volumes.

Elle est riche surtout en poëtes, romanciers, polygraphes des XVIe et XVIIe siècles.

Pas un des auteurs cités dans la volumineuse collection de l'abbé Gouget dont on ne trouve l'exemplaire dans les rayons de la Bibliothèque de l'Arsenal, qui offrent une mine éternellement féconde aux jeunes érudits ardents et aux bibliographes amoureux de trouvailles et d'exhumations littéraires.

La bibliothèque de l'Arsenal possède beaucoup de manuscrits.

Elle présente de grandes ressources aux travailleurs, mais n'est pas d'un très-vif intérêt pour le visiteur proprement dit, qui ne trouvera là aucune des raretés et des choses d'art qu'il a pu admirer dans les autres bibliothèques publiques.

Bibliothèque du Louvre. — Cette Bibliothèque, qui n'a jamais été publique qu'en 1848, est ouverte aux travailleurs sur demande adressée au ministre d'État.

Elle ne contient guère plus de 10,000 volumes; mais

choisis avec le plus grand soin et assortis de manière à embrasser toutes les généralités historique, scientifique, géographique, littéraire, etc.

On comprend que les travailleurs, obligés de poursuivre certaines recherches hors de chez eux, aient une prédilection particulière pour la Bibliothèque du Louvre, qui est plus calme et plus silencieuse que toute autre, grâce au petit nombre de personnes qui la fréquentent.

On y a tous les ouvrages pour ainsi dire sous la main, et l'on n'a pas à subir de ces stations devant le bureau des conservateurs, de ces longues heures d'attente qui font que les vrais savants et les érudits de profession hésitent si souvent à recourir aux grandes bibliothèques, redoutant des pertes de temps considérables.

Bibliothèque de la Sorbonne. — La Bibliothèque de la Sorbonne possède 50,000 volumes.

C'est une idée très-juste à la fois et très-libérale d'avoir songé à ouvrir dans l'enceinte même de la Sorbonne une bibliothèque assez riche et assez variée pour satisfaire à toutes les nécessités courantes des études.

L'étudiant peut ainsi trouver à consulter un texte, à s'enquérir d'une date, à travailler pour son propre compte dans l'intervalle d'un cours à un autre.

La Bibliothèque de la Sorbonne est ouverte, comme toutes les autres, de dix heures à trois heures.

On a l'avantage de s'y trouver souvent à peu près seul, de pouvoir y travailler en paix, sans aucuns de ces dérangements de voisinage qui sont plus fréquents qu'on ne pense dans l'intérieur des bibliothèques.

Cette Bibliothèque offre de plus l'avantage d'être ouverte tous les soirs, ainsi que la Bibliothèque Sainte-Geneviève, depuis sept heures jusqu'à dix.

Bibliothèque de la ville de Paris. — La Bibliothèque de la ville de Paris a eu, comme la plupart des bibliothèques publiques, pour noyau primitif une collection particulière qui s'est accrue par des achats ou des dons successifs.

Moriau, trésorier de la ville de Paris, est considéré comme le fondateur de cette bibliothèque. Il possédait un fonds très-considérable d'ouvrages imprimés, de manuscrits et d'autographes.

Il légua cette collection à la ville de Paris, qui se trouva ainsi posséder une bibliothèque à elle, que l'on enrichit, vers la fin du dernier siècle, de divers lots importants, tirés des anciennes bibliothèques du Châtelet et des avocats, puis de celles que possédaient les couvents des Célestins, des Barnabites, des Oratoriens et tant d'autres, que la révolution venait de détruire.

La Bibliothèque de l'Hôtel de Ville fut obligée de quitter les galeries qu'elle occupait du côté de la rue Lobau, à l'époque où on fit subir aux bâtiments de l'Hôtel de Ville les grandes réparations intérieures et extérieures qui les ont faits ce qu'ils sont à présent.

Les livres furent transportés en 1836 au quai d'Austerlitz.

Ce fut là un véritable temps de chômage ; l'impossibilité de classer des volumes entassés provisoirement dans un local beaucoup trop étroit, jointe d'ailleurs à l'éloignement du quartier, devait nécessairement interdire aux lecteurs l'entrée de cette bibliothèque.

Elle a repris possession de son ancienne résidence en 1847.

Elle est ouverte aux mêmes heures que les autres bibliothèques, et offre un très-bon choix de livres de littérature, mais principalement de documents et d'ouvrages spéciaux relatifs à l'histoire des villes, et surtout, bien entendu, à l'histoire de la ville de Paris.

Après avoir achevé cette tournée officielle des grandes bibliothèques publiques, on fera bien de ne pas négliger les bibliothèques spéciales que nous avons indiquées précédemment.

Il en est fort peu d'entre elles où l'on ne puisse découvrir quelque rareté bibliographique, quelque pièce d'érudition que l'on ne trouverait pas ailleurs.

On pourra même étendre ses visites jusqu'aux collections particulières, dont on trouvera aisément l'entrée à l'aide des relations privées, ou mieux, avec le titre d'étranger et de bibliographe, qui est presque toujours un passe-port infaillible dans notre pays, si essentiellement fidèle aux lois de notre vieille courtoisie hospitalière.

On cite la bibliothèque de M. Thiers comme très-riche en pièces historiques et en documents inédits relatifs à nos annales.

Celle de M. Cousin représente une encyclopédie véritable, qui embrasse la littérature philosophique tout entière jusque dans ses moindres détails, et les scolastiques les plus inconnus.

La bibliothèque de M. Jules Janin abonde en raretés élégantes, en perles bibliographiques, surtout en éditions modernes chargées des plus précieuses dédicaces, et ornées avec ce goût et ce prix que l'homme d'esprit sait attacher à tout ce qu'il touche.

XXIX. — LES THÉATRES.

Il est fort inutile de rappeler quel attrait et même, on

peut le dire, quelle importance les théâtres de Paris offrent d'avance aux yeux de l'étranger.

Des Allemands, des Anglais, des Russes même, ont souvent avoué qu'ils avaient fait le voyage de France tout exprès pour voir telle pièce en vogue représentée sur une de nos principales scènes.

C'est donc pour nous une nécessité de fournir à l'étranger quelques renseignements sommaires qui lui permettront de s'orienter dans les avenues de ce monde dramatique qu'il ne peut connaître, on le conçoit, en un seul jour.

Là, comme partout ailleurs, l'aide d'un guide est nécessaire pour classer les choses et se créer à soi-même un plan général de direction.

Nous laissons, bien entendu, de côté tout ce qui a rapport à l'origine et à l'histoire des théâtres. Il s'agit pour nous, non de les étudier historiquement, mais de connaître leurs genres, leurs spécialités, comme qui dirait pour aller le soir même au spectacle.

La ville de Paris ne possédait que trois théâtres sous le règne de Louis XIV : elle en eut quarante-trois en janvier 1791, le jour où l'Assemblée constituante décréta que « tout citoyen pourrait élever un théâtre public, et y faire représenter des pièces de tous les genres. »

Paris possède actuellement vingt-huit théâtres, dont nous allons donner la liste dressée d'après l'ordre d'affichage que la police prescrit aux diverses entreprises théâtrales.

Cette liste peut servir en même temps à indiquer l'importance de chaque scène, et le degré qu'elle occupe sur l'ensemble de l'échelle dramatique.

1° L'Opéra;

2º Le Théâtre-Français;
3º L'Opéra-Comique;
4º L'Odéon;
5º Le Théâtre-Italien;
6º Le Théâtre-Lyrique;
7º Le théâtre du Vaudeville;
8º Le théâtre des Variétés;
9º Le Gymnase-Dramatique;
10º Le théâtre du Palais-Royal;
11º Le théâtre de la Porte-Saint-Martin;
12º La Gaîté;
13º L'Ambigu-Comique;
14º Le Théâtre-National;
15º Les Folies-Dramatiques;
16º Les Délassements-Comiques;
17º Les Folies-Nouvelles;
18º Le théâtre Beaumarchais;
19º Le théâtre Comte;
20º Le théâtre des Funambules;
21º Le Petit-Lazary;
22º Le Cirque Napoléon;
23º L'Hippodrome;
24º Les Arènes-Nationales;
25º Le Cirque des Champs-Élysées;
26º Le théâtre de la salle Bonne-Nouvelle;
27º Les soirées fantastiques de Robert-Houdin;
28º Le théâtre du Luxembourg.

Il faut joindre à cette liste des théâtres de Paris que représente l'emploi de la soirée de l'étranger, un grand nombre de soirées musicales, concerts, cafés chantants, théâtres particuliers et d'élèves, etc... Nous indiquerons les principaux de ces divers établissements, après avoir donné sur les théâtres quelques renseignements sommaires.

L'Opéra. — L'Opéra est situé rue Lepelletier, dans le deuxième arrondissement, et tout à fait au centre du luxe et des plaisirs, comme il convient à une scène de cette importance.

Après un grand nombre de déplacements et de trans-

L'Opéra.

lations que nous n'avons pas à retracer ici, parce que ce sont des faits historiques qui ne sont nullement du domaine d'un Guide, l'Opéra a été établi sur l'emplacement qu'il occupe aujourd'hui.

La salle actuelle est considérée comme provisoire, mais c'est bien ici le cas de répéter ce qu'on dit si souvent, qu'il y a de ces choses provisoires qui durent dans ce monde autant que les définitives.

La salle actuelle, construite très-rapidement en 1821 par Debret, n'en est pas moins, toute provisoire qu'elle est, très-riche et très-grandiose.

La décoration intérieure, que l'on a le soin de renouveler fréquemment, est toujours confiée aux artistes d'un mérite reconnu. On a l'heureuse pensée d'en varier le style toutes les fois qu'on entreprend une restauration nouvelle.

On a compris, avec beaucoup de raison, qu'en fait d'ornements et de décors, il n'est rien dont le public ne se lasse et que la première condition pour remettre à neuf une salle de spectacle au gré des spectateurs, est de la faire toute différente qu'elle n'était auparavant.

On est bien assis, commodément placé à l'Opéra.

Plusieurs loges particulières sont de véritables salons que les propriétaires de ces loges ont fait orner avec beaucoup de luxe.

On entend parfaitement de toutes les parties de la salle, même des dernières places qui avoisinent les combles.

Le foyer est une magnifique galerie ornée de tous les bustes des compositeurs en renom.

L'histoire des variations de l'Opéra est au fond bien courte et bien simple : chacune de ces variations peut être désignée par les noms des maîtres qui se sont succédé. Ces maîtres représentent les diverses écoles de composition et même de chant qui ont tour à tour régné sur cette scène.

On embrasse les diverses périodes de l'art et on les désigne suffisamment quand on a cité les noms de Lulli,

Rameau, Gluck, Piccini, Mehul, Spontini, Rossini, Auber, Meyerbeer.

Il serait assez difficile de désigner la période où nous nous trouvons par le nom d'un compositeur vraiment dominant et qui occupe le trône de l'art musical. On peut dire que pour le moment le trône de la musique dramatique est vacant; beaucoup s'y succèdent, peu s'y maintiennent.

On sait que ce qu'on a appelé *la réforme du chant* date en partie du fameux Garat et des Italiens. On criait avant à pleins poumons, depuis on s'est mis à chanter.

Si les Jelyotte, les Lainez, les Laïs et autres grands donneurs d'*ut* de poitrine revenaient au monde aujourd'hui, ils seraient peut-être dans leur droit en protestant contre l'arrêt dont on les a frappés autrefois.

Ils trouveraient que la méthode de chant actuelle, essentiellement bruyante et forcée, n'est pas, après tout, aussi différente qu'on a bien voulu le dire de celle de leur époque, dont on s'est tant moqué.

L'Opéra est ouvert les lundi, mercredi et samedi, et quelquefois le dimanche pour des représentations extraordinaires.

Le rideau lève ordinairement à sept heures.

On alterne d'habitude pour les pièces entre un grand opéra qui tient tout le spectacle et un ballet précédé d'un opéra en deux actes.

Une entrée annuelle à l'Opéra coûte environ 1,000 fr. pour les premières places.

Les places pour les représentations sont affichées sous le péristyle, au-dessus de chaque bureau de location : de même pour les autres théâtres.

Le Théâtre-Français. — Le Théâtre-Français est situé

à l'extrémité de la rue de Richelieu et touche aux galeries du Palais-Royal.

Si nous avons fui l'histoire à propos de l'Opéra, encore plus devons-nous l'éviter à propos du Théâtre-Français, sur lequel on a écrit des volumes dont la réunion représenterait certainement toute une bibliothèque dramatique.

Théâtre-Français.

On sait que ce théâtre, qui est subventionné par l'État, ainsi que l'Opéra, est consacré exclusivement à nos chefs-d'œuvre classiques et aux productions modernes en vers et en prose, telles que tragédie, comédie et drame.

La salle du Théâtre-Français est moins spacieuse et moins ornée que celle de l'Opéra.

Elle reste dans des conditions de bon goût et de simplicité qui conviennent bien à la nature d'un théâtre qui ne saurait indiquer par des signes trop manifestes qu'il veut emprunter son plus beau lustre surtout à la littérature proprement dite.

Le foyer ouvert au public, et qui pourrait avoir une disposition intérieure plus commode et même plus convenable, a pour ornement principal les bustes de nos poètes et de nos écrivains dramatiques. La plupart de ces bustes, parfaitement authentiques au point de vue de la ressemblance, méritent d'être considérés avec attention. Plusieurs d'entre eux sont de véritables chefs-d'œuvre d'expression et de vie.

On a orné depuis quelque temps le foyer du Théâtre-

Français de quelques portraits de comédiens célèbres qui sont loin d'être irréprochables sous le rapport de l'exécution, et qui seraient d'ailleurs peut-être mieux à leur place dans le foyer des acteurs.

Citer tous les grands noms d'artistes qui ont brillé sur la scène de ce théâtre, ce serait dérouler une galerie très-longue et très-riche, qui commencerait à Baron et irait jusqu'à mademoiselle Rachel.

Quant aux ouvrages représentés sur cette scène, nous n'avons pas même à en rappeler les titres.

Le Théâtre-Français s'est appelé lui-même la *maison de Molière*. Ce titre seul indique sa destination toute littéraire et le genre de traditions qu'il est chargé de représenter.

Théâtre de l'Opéra-Comique. — Ce théâtre est situé sur la place des Italiens, à quelques pas des boulevards.

Il est subventionné comme les deux théâtres précédents.

Le théâtre de l'Opéra-Comique peut être regardé comme le plus populaire, le plus favorisé, le plus réellement français de toutes nos entreprises dramatiques.

Il a l'avantage de la tradition, d'une position prise depuis longtemps dans les goûts et les préférences d'un certain public.

De plus, il est en possession d'un genre qui touche presque à tous les autres. Il leur emprunte peut-être ce qu'ils ont de plus léger, de plus attrayant, de plus vif ; il les fond dans une espèce d'éclectisme comique et musical qui se trouve on ne peut mieux en rapport avec les instincts courants de la plupart des spectateurs parisiens.

L'Opéra-Comique, c'est à la fois de la musique instrumentale, spirituelle, coquette, brève, tout juste ce qu'il en faut pour ne pas fatiguer ; du chant sans trop de science ni de prétention, restreint aux limites de la chanson, de la romance ou tout au plus de l'ariette courte et modeste. C'est aussi de la comédie, du vaudeville, du drame et de la farce grosse et joyeuse, qui rappelle les Foires de Saint-Laurent et de Saint-Germain, d'où l'Opéra-Comique tire son origine.

Il attache souvent, attendrit et fait pleurer, comme dans *le Déserteur;* souvent il atteint les dernières limites de la véritable bouffonnerie, comme dans *les Rendez-vous bourgeois*, dont le succès durera tant qu'il y aura dans ce monde des organisations disposées à supporter une heure entière de fou rire.

Le succès de l'Opéra-Comique tient donc surtout à ce que son genre n'est au fond qu'un composé de nuances légères et fugitives. C'est avant tout le théâtre de la distraction et du vrai délassement.

La salle de l'Opéra-Comique actuelle, construite il y a quelques années avec beaucoup d'élégance sur l'emplacement de l'ancien Théâtre-Italien, a offert la première cette innovation heureuse des loges dites *à salons*.

Derrière les places de la loge proprement dite se trouve une espèce de petit réduit mystérieusement éclairé, avec divan, glaces et tapis, où les spectateurs peuvent se tenir pendant l'entr'acte et causer dans une sorte d'intimité.

On ne saurait trop encourager cette mode toute italienne des loges à salons, qu'il serait si désirable de voir appliquer aux autres théâtres.

Le théâtre de l'Odéon. — Le théâtre de l'Odéon est situé sur la rive gauche de la Seine, à l'extrémité de la rue qui porte le nom même du théâtre.

Il est subventionné ainsi que l'Opéra, le Théâtre-Français, l'Opéra-Comique, mais dans des conditions beaucoup plus modestes.

On a appelé souvent le théâtre de l'Odéon le *second Théâtre-Français.*

En effet, la véritable destination de ce théâtre est d'être à la fois une pépinière et une succursale de la scène de la rue de Richelieu.

C'est là que doivent se former les acteurs, les auteurs

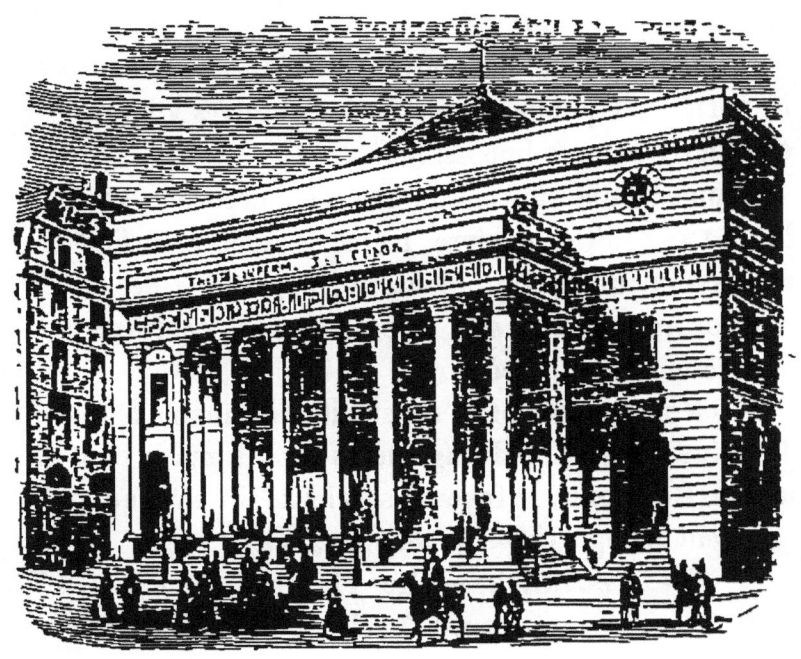

Odéon.

même, avant de paraître devant le public du Théâtre-Français, qui est et doit être nécessairement plus rigoureux dans le choix des pièces et des comédiens qu'il adopte.

On sait que l'Odéon, comme toutes les entreprises de tentative et d'aventure, a eu des fortunes très-diverses, très-courtes par moments, et fut en possession d'une véritable vogue à l'époque de *Robin des Bois* par exemple; dans d'autres, au contraire, complétement abandonné, réduit à fermer tristement ses portes devant la faillite et la ruine, malgré les efforts les plus intelligents et les luttes souvent désespérées des directions les plus habiles.

De cette série de catastrophes si nombreuses qui ont marqué la fortune de l'Odéon, on a pu tirer cette conclusion, qui ne paraît plus désormais devoir être mise en doute, que, sans une subvention régulière, l'exploitation de l'Odéon, éloigné du centre d'ailleurs, et placé hors de la portée du public ordinaire des théâtres, devait être considérée comme impossible.

Depuis qu'une subvention fixe a été accordée, on a vu le théâtre de l'Odéon vivre, même prospérer, et finir par attirer à lui un public nombreux, appelé par des succès d'un ordre tout littéraire et parfaitement conforme à la destination de cette scène.

L'Odéon est très-bien construit, sur un modèle grec des plus purs. Les dégagements sont simples et commodes. On admire le foyer si spacieux, si élevé, qui offre vraiment quelque chose de monumental.

Le Théâtre-Italien. — Le Théâtre-Italien est situé place Ventadour, et occupe l'ancienne salle où se trouvait autrefois l'Opéra-Comique.

Ce théâtre est ouvert seulement pendant six mois de l'année, d'octobre à mars.

Il a toujours été considéré comme un théâtre de bonne compagnie, où les gens riches et particulièrement adonnés aux jouissances du dilettantisme, se donnent rendez-vous comme dans un salon.

Le Théâtre-Italien a eu surtout une grande vogue

sous la Restauration et sous le règne de Louis-Philippe.

Une réunion d'admirables artistes, et dont les noms sont restés dans la mémoire de tout le monde, les chefs-d'œuvre de Rossini, alors presque entièrement inconnus, plusieurs ouvrages très-remarquables de Bellini et de Donizetti, telles furent les principales circonstances qui contribuèrent à assurer le succès de ce théâtre.

La révolution de 1848 lui a été très-défavorable : la dispersion d'un public tout spécial, causée par les commotions politiques, lui enleva une grande partie de sa clientèle et faillit même achever sa clôture définitive.

L'année 1853 a vu cependant renaître en partie ses anciens beaux jours.

On put alors s'assurer qu'avec une troupe forte et composée de sujets d'un mérite incontestable, on était toujours à peu près certain de trouver un certain nombre de spectateurs fidèles à cette colonie de chanteurs italiens dont on n'a jamais songé à nier l'influence heureuse sur le progrès de l'art du chant.

L'intérieur du Théâtre-Italien est on ne peut plus confortable : les corridors et les escaliers sont garnis de tapis épais. Un excellent système de chauffage s'étend depuis le péristyle jusqu'aux dernières places de l'amphithéâtre. Rien n'a été omis pour mettre cette salle en conformité complète avec les habitudes du public de choix qui la fréquente.

Le Théâtre-Italien reçoit une subvention annuelle de 100,000 fr.

Ici se termine la liste des théâtres subventionnés, autrement dit des *grands théâtres*.

On les désignait autrefois ainsi pour les distinguer des scènes non subventionnées, que l'on appelait *petits théâ-*

tres, et dont nous avons à nous occuper maintenant.

Le théâtre du Vaudeville. — Ce théâtre est situé sur la place de la Bourse.

On peut le considérer comme le rejeton direct de l'ancienne Comédie-Italienne si célèbre au XVIIIe siècle, qui renonça aux farces et aux petites pièces dialoguées qu'il représentait autrefois pour se consacrer exclusivement aux pièces chantantes qui se sont appelées depuis des *opéras comiques*.

Quand on prononce le nom du Vaudeville, on ne peut guère se dispenser de répéter le fameux vers de Boileau :

Le Français, né malin, créa le vaudeville.

Ce théâtre eut en effet longtemps le monopole des à-propos malicieux, des pièces de circonstances avec allusions satiriques, des ponts-neufs, des revues à couplets.

Des auteurs dont on cite encore les noms dans les annales de la grosse gaieté, Piis, Barré, Desfontaines, Désaugiers, l'ont ou administré ou alimenté avec leurs productions.

Depuis, le genre du théâtre du Vaudeville s'est entièrement modifié. Il a incliné visiblement vers la comédie de mœurs et même vers le drame.

Ainsi, *Elle est folle* et la *Dame aux camélias*, deux de ses plus grands succès, sont des drames véritables et même du genre larmoyant.

M. Scribe a donné ses premières pièces et a commencé à fonder sa popularité sur la scène du Vaudeville.

Le théâtre des Variétés. — Ce théâtre est situé boulevard Montmartre et touche presque au passage des Panoramas.

On le considère comme le berceau, la véritable terre classique de la bouffonnerie théâtrale. Il suffit de rappeler les noms de Potier, Brunet, Odry, Vernet, pour consigner les titres de ce théâtre qui a eu le bon esprit de ne déroger que dans des cas fort rares à sa destination primitive.

Le rire est un des très-bons moyens pour avoir un public à soi, qui ne vous abandonne jamais entièrement, quoi qu'il arrive. Quand on est en possession d'un pareil privilège, on a bien raison de ne jamais s'en dessaisir.

Le théâtre des Variétés a eu depuis quelques années une assez mauvaise veine qu'il faut attribuer en grande partie aux changements beaucoup trop fréquents de direction. Il faut dire d'ailleurs que ces directions n'ont pas toujours été l'habileté même.

Ce théâtre est trop bien situé, trop bien soutenu d'ailleurs par les traditions de la vraie gaieté classique, pour ne pas retrouver tôt ou tard son ancienne vogue.

Théâtre du Gymnase-Dramatique. — Le théâtre du Gymnase est situé sur le boulevard Bonne-Nouvelle, presque au coin du boulevard Poissonnière.

L'opinion du public le place immédiatement après le Théâtre-Français et l'Odéon comme celui qui se rapproche le plus du genre de pièces que l'on représente sur ces deux scènes et qui souvent même leur fait une heureuse concurrence.

Il est certain que le Gymnase a donné plusieurs fois des ouvrages qui s'élèvent au-dessus du genre du vaudeville proprement dit.

On ne peut guère rappeler le nom de ce théâtre sans citer en même temps celui de M. Scribe qui en a été si longtemps le patron, le dieu, et a su s'y faire une de ces vogues populaires élevées trop rapidement pour que le temps ne leur cause pas un certain dommage.

Plusieurs des célébrités littéraires de notre temps ont fait représenter sur la scène du Gymnase, des ouvrages qui ont obtenu généralement plutôt des succès d'estime que de public.

La troupe du Gymnase a toujours mérité d'être citée pour l'ensemble et le soin des détails. Si on y a rarement de ces artistes d'originalité et d'inspiration qui transportent une salle tout entière, on a souvent à y applaudir des acteurs studieux, zélés, s'acquittant de leur tâche avec une conscience qu'on ne trouve pas toujours sur les autres scènes.

Théâtre du Palais-Royal. — Ce théâtre est situé dans le Palais-Royal même.

La salle est une des plus étroites de Paris, ce qui est une raison peut-être pour que le public s'y précipite avec d'autant plus d'empressement que le nombre des loges et des places est plus restreint.

On a comparé quelquefois le théâtre du Palais-Royal avec le fameux *San-Carlino* de Naples. Il exploite comme son confrère de Naples la grosse bouffonnerie actuelle, il a l'à-propos burlesque, les excentricités les plus fortes qui ne reculent devant rien, tout ce qui convient aux gens de l'après-dîner qui veulent avant tout des pièces de bonne humeur réjouissantes et joyeuses comme l'heure de la digestion.

Le théâtre du Palais-Royal a fait dernièrement une perte très-regrettable dans la personne du fameux Sainville, qui était à lui seul tout un genre, tout un théâtre. Il en est réduit à vivre en ce moment sur la *monnaie* de cet acteur, laquelle est loin de remplir suffisamment le vide laissé par cet acteur si vraiment comique.

Théâtre de la Porte-Saint-Martin. — Ce théâtre est situé sur le boulevard Saint-Martin, au commencement du boulevard.

C'est le premier des théâtres de drame. Sa salle est grande, très-bien distribuée; elle a donné jusqu'en 1793 asile à l'Opéra.

MM. Hugo et Dumas ont fait représenter sur cette scène leurs principaux ouvrages : c'est assez dire quel genre d'importance elle mérite.

Outre les grands drames qui sont le fond même du genre et du répertoire, le théâtre de la Porte-Saint-Martin a toujours donné et donne encore des pièces de genre, des vaudevilles, des ballets, des féeries.

Les noms de Frédéric Lemaître, de Bocage, de Lockroy, de Mlle George, de Mme Dorval ont contribué à donner un grand éclat à la troupe du théâtre de la Porte-Saint-Martin qui continue à être un intermédiaire, une espèce de trait d'union transitoire entre les scènes d'un ordre relevé et celles des boulevards proprement dits.

La Gaieté. — La Gaieté est située au boulevard du Temple, sur cette partie des boulevards que l'on a surnommée *le boulevard du crime*, en raison des crimes nombreux qui composent la littérature exploitée le plus ordinairement par ces théâtres-là.

On joue principalement à la Gaieté des pièces du genre larmoyant, beaucoup de jeunes filles abandonnées, séduites, orphelines, mendiantes, muettes, aveugles, etc.

Le succès du fameux drame *La Grâce de Dieu* a retenti partout. On n'a pas oublié non plus la vogue du drame *Le Sonneur de Saint-Paul* qui a été considéré comme le *nec plus ultra* des drames à effets et à péripéties,

13

après quoi, ce genre de pièces ne pourrait manquer de se replier sur lui-même et de tourner dans un cercle de combinaisons prévues.

L'Ambigu-Comique. — Ce théâtre est situé boulevard Saint-Martin, à l'angle de la rue de Bondy.

Il exploite le même genre que le théâtre de la Gaîté, c'est-à-dire le drame sombre à voleurs, traîtres, duels, assassinats, empoisonnements, etc.

Le grand succès des *Bohémiens de Paris*, peut être également considéré comme une espèce de halte et de temps d'arrêt dans cette longue série de pièces nocturnes qui consistaient à fouiller les égouts, les tapis francs, les souricières des grandes villes pour y chercher du drame.

Le Théâtre-Lyrique. — Ce théâtre est situé boulevard du Temple. On le reconnaît au milieu des autres à la rotonde peinte à fresque qui règne au dessus du péristyle, laquelle rotonde a le tort peut-être de ressembler un peu trop à une lanterne magique.

Le Théâtre-Lyrique s'est appelé dans le principe le *Théâtre historique*, du nom que lui avait choisi son célèbre fondateur, M. Alexandre Dumas.

On y représentait alors de longues pièces historiques souvent très-intéressantes qui avaient seulement le tort de se composer parfois d'un trop grand nombre de feuilletons.

Le Théâtre-Lyrique est aujourd'hui consacré exclusivement à l'art musical, comme l'indique son nouveau titre.

C'est une succursale de l'Opéra et de l'Opéra-Comique.

La plupart de nos compositeurs en vogue, MM. Ad. Adam, Félicien David, Maillart, Bousquet, Boisselot ont donné des ouvrages sur cette scène qu'ils ont bien raison de soutenir et d'alimenter comme un débouché fort utile à eux et aux autres.

Seulement, le public français est-il assez réellement musical pour faire vivre trois théâtres de musique à la fois? C'est un problème qui n'est pas encore bien nettement résolu jusqu'à présent.

Le Théâtre National. — Situé boulevard du Temple. C'est la scène des grands mimodrames militaires, des pièces à mousqueterie, des sièges et des batailles de l'Empire.

Les Folies-Dramatiques. — Le théâtre des Folies-Dramatiques est situé sur le boulevard du Temple et se trouve enclavé dans les autres théâtres que nous venons de citer.

On y joue le vaudeville et le drame à couplets. Ce théâtre administré dans des conditions très-modestes et avec beaucoup de régularité, a fait la fortune de celui qui le dirige encore à présent.

Les pièces qu'on y représente ne sont pas toutes d'un ordre très-relevé, mais elles sont représentées avec ensemble et même une certaine valeur d'exécution.

On peut passer par hasard une soirée au théâtre des Folies-Dramatiques, ne fût-ce que par curiosité et pour se rendre compte de ce qu'est le vaudeville des boulevards comparé à celui des autres scènes.

Les Délassements-Comiques. — Le théâtre des Délassements-Comiques est situé sur le boulevard du Temple : même genre de pièces et d'acteurs qu'aux Folies-Dramatiques.

Le Théâtre du Luxembourg. — Situé rue de Madame et à la grille même du Luxembourg. C'est le petit théâtre du quartier latin. On y joue quelques pièces du cru et un grand nombre de vaudevilles et de drames, qui après avoir vieilli sur les autres scènes, vont retrouver sur ces planches modestes une sorte de seconde jeunesse et de nouvelle existence.

Le Théâtre Beaumarchais. — Situé à l'extrémité des boulevards et à quelques pas de la place de la Bastille.

On y joue à peu près le même genre de pièces qu'aux Folies-Dramatiques et aux Délassements-Comiques avec une tendance plus marquée vers le drame à effet.

Le Théâtre Comte. — Le théâtre Comte est situé dans le passage Choiseul.

C'était dans le principe un théâtre d'enfants : les enfants ont grandi et se trouvent être à présent de vrais jeunes gens qui jouent tant bien que mal de petits vaudevilles et de petites féeries qui s'adressent surtout aux pensionnaires et au public des colléges.

Le Théâtre des Funambules. — Situé boulevard du Temple.

On y joue le vaudeville et de grandes féeries à décors dans le genre des pantomimes anglaises.

Ce théâtre a été très en vogue du vivant du fameux Débureau qui était bien le pierrot le plus originalement flegmatique et narquois que l'on eût jamais vu paraître sur un théâtre.

Débureau a laissé un fils qui l'a remplacé, mais ne l'a pas encore égalé sous le rapport de la verve comique et du talent.

Le Petit Lazary. — Situé boulevard du Temple.

C'est la plus modeste de toutes les entreprises dramatiques, celle qui s'adresse aux plus petites bourses.

On y joue le vaudeville exclusivement.

Le Cirque Napoléon. — Situé boulevard du Temple.

C'est le *Franconi* d'hiver, exercices équestres, voltige, chevaux dressés, équilibres, tours de force et d'adresse, etc.

L'Hippodrome. — Situé à la barrière de l'Étoile, spectacle équestre en plein air.

Les Arènes Nationales. — Situées dans la rue de Lyon, même troupe et même spectacle qu'à l'Hippodrome.

Le cirque de l'Impératrice. — Situé dans les Champs

Cirque de l'Impératrice.

Élysées, au Rond-Point. C'est le Franconi d'été, même troupe et même spectacle qu'au cirque Napoléon.

Le théâtre de la salle Bonne-Nouvelle. — Situé boulevard Bonne-Nouvelle au coin de la rue Mazagran, tenant le milieu entre le café concert et le spectacle proprement dit : quadrilles, chansonnettes, tours de cartes, pantomimes, etc.

Les soirées fantastiques de Robert Houdin. — Situées boulevard des Italiens à côté du passage de l'Opéra.

Théâtre de prestidigitation, prestiges, pièces mécaniques, automates, etc.

Les Folies-Nouvelles. — Situées boulevard du Temple à côté du passage Vendôme.

Très-jolie salle, récemment décorée avec un goût et un luxe des plus remarquables. Excellent orchestre et digne d'un théâtre exclusivement musical.

On y joue des pantomimes d'un genre entièrement neuf, des ballets très-frais et très-gracieux.

D'excellents chanteurs comiques sont attachés à ce théâtre, surnommé avec raison le théâtre de la fantaisie.

Le *Diorama* est situé dans l'avenue des Champs-Élysées au Rond-Point.

Le *Panorama* est situé également aux Champs-Élysées derrière le Palais de l'Industrie.

XXX — LES CONCERTS.

Nous compléterons la liste des plaisirs qui représentent l'emploi de la soirée et de la journée de l'étranger en indiquant les principaux concerts, qui sont :

En première ligne, les concerts du Conservatoire; ils ont lieu dans la grande salle des bâtiments du Conservatoire de musique. Admirable orchestre consacré presque exclusivement à l'exécution des œuvres classiques de Beethoven, Mozart, Haydn, Gluck, etc.

Les concerts de la salle Sainte-Cécile, à l'extrémité de la rue du Mont-Blanc, moins parfaits que ceux du Conservatoire sous le rapport de l'exécution, mais qui ont l'avantage d'embrasser un répertoire plus étendu et plus varié. Cette société exécute, comme celle du Conservatoire, surtout la grande musique instrumentale.

Les quatuors, sonates, morceaux de musique dite de chambre ont lieu principalement dans une des salles du Conservatoire ou dans la salle Pleyel, située rue Rochechouart.

La salle Herz, rue de la Victoire, est consacrée surtout aux auditions des premiers solistes de concert, des sommités du piano, du violon ou du chant.

On donne aussi des concerts périodiques au Jardin d'Hiver, dans la grande avenue des Champs-Élysées.

XXXI. — LES BALS.

Les principaux bals publics sont :

Le bal Mabille, situé à l'entrée de l'Allée des Veuves dans les Champs-Élysées.

Bal Mabille

Le Ranelagh, à l'entrée du Bois de Boulogne, à quelques pas de la barrière de Passy.

Le Château des Fleurs, dans les Champs-Élysées.

Le Château-Rouge, à la chaussée de Clignancourt.

La Closerie des Lilas, derrière l'Observatoire, dans le quartier du Luxembourg.

La Grande Chaumière, située dans le même quartier entre l'Observatoire et le Luxembourg.

Le bal d'Asnières, situé à quelques minutes de Paris, à la première station du chemin de fer de Saint-Germain.

Les bals publics d'hiver sont généralement d'un ordre trop vulgaire pour qu'il nous ait paru nécessaire de les indiquer ici. Nous excepterons cependant le *Jardin-d'Hiver*, dans les Champs-Élysées, où se donnent des

Jardin d'Hiver.

bals par souscription, que les merveilles du local rendent très-brillants.

XXXII. — LES SALLES D'ARMES, BOXE, CANNE, BATON, MANÉGES, TIRS, JEU DE PAUME, GYMNASTIQUE.

Les principales salles d'armes sont :
La salle Grisier, faubourg Montmartre, n° 4.
La salle Cordeloy, rue Laffitte, n° 1.
La salle Gâtechair, passage de l'Opéra.
La salle Ruaz, rue Blanche.
Boxe, canne et bâton :
Salle Lecour, passage des Panoramas et rue Tournon, n° 2.
Salle Lozès, rue Saint-Honoré, n° 249.
Manéges. — Manége Leblanc, faubourg Montmartre, passage des Deux-Sœurs.
Manége Duphot, dans la rue de ce nom.
Manége Pellier, rue d'Enghien, au coin du faubourg Poissonnière.
Manége Latry, aux Champs-Élysées, en face de la rue de Chaillot.
Tirs. — Les principaux tirs sont :
Le tir Renette, avenue d'Antin, aux Champs-Élysées.
Le tir Devisme, aux Batignolles, rue Moncey.
Le tir de Lepage, avenue d'Antin.
Le tir Gosset, également avenue d'Antin.
Jeu de paume. — Passage Cendrié.
La gymnastique. — Gymnase Trial, avenue de Montaigne.

XXXIII. — LES CERCLES.

Les principaux cercles sont :

L'ancien cercle Montmartre, boulevard Montmartre, 16.

Le Jockey-Club, boulevard Montmartre, au coin de la rue Grange-Batelière.

Le cercle des Arts, rue de Choiseul, au coin du Boulevard.

Le cercle Agricole, quai Voltaire, au coin de la rue de Beaune.

Le club de l'Union, au coin de la rue de Grammont et du Boulevard.

Le club de la Réunion, au coin de la Chaussée-d'Antin et du Boulevard.

Le club du Commerce, rue Lepelletier.

Le cercle de Paris, rue Royale.

Le cercle de la Maison-d'Or, à l'angle de la rue Laffitte et du Boulevard.

XXXIV. — PLACES.

PREMIER ARRONDISSEMENT.

Place de la Concorde, entre les Champs-Élysées et les Tuileries. — Cette belle place fut commencée en 1754. On y plaça la statue de Louis XV. Le roi était à cheval, et quatre figures allégoriques, la Force, la Prudence, la Justice et la Paix étaient placées autour du piédestal. Un satirique du temps fit à ce sujet le distique suivant :

> O la belle statue ! ô le beau piédestal !
> Les vertus sont à pied, le vice est à cheval.

Cette place n'était pas encore achevée lorsqu'elle reçut, en 1770, une sinistre inauguration par la catastrophe arrivée pendant les fêtes du mariage du Dauphin et de Marie-Antoinette. Cent trente-deux personnes y furent écrasées par la foule. La Révolution lui donna son nom. La statue de Louis XV fut abattue, et la guillotine se dressa pendant deux ans au milieu de cette place et abattit plus de quinze cents têtes. C'est là que furent exécutés Louis XVI, Marie-Antoinette, les Girondins, Charlotte Corday, madame Roland, Barnave, Hébert, Danton et Robespierre. En 1800, le ministre de l'intérieur, Lucien Bonaparte, posa sur cette place la première pierre d'une colonne projetée à la gloire des armées françaises. On dressa le modèle en charpente de ce monument, mais il ne fut jamais exécuté. La place prit alors le nom de la *Concorde*.

La Restauration lui rendit celui de place Louis XV, et prescrivit l'érection d'une statue à Louis XVI, qui fut renversée avant d'être complètement terminée, par la révolution de 1830. Sous le règne de Louis-Philippe, cette place fut très-embellie. On y éleva huit pavillons surmontés de figures colossales, représentant les huit premières villes de France, et on dressa au milieu l'obélisque de Louqsor. De nouveaux travaux de terrassement y furent exécutés en 1853. Cette place a 248 mètres de long sur 169 de large.

Place du Palais-Royal, rue Saint-Honoré, en face du palais. — Le bâtiment qui en formait le fond fut brûlé et détruit le 24 février 1848.

Place Vendôme. — Cette place, dessinée par Mansart, fut inaugurée en 1699. C'est la plus régulière de Paris. Elle s'appela successivement Place des Conquêtes,

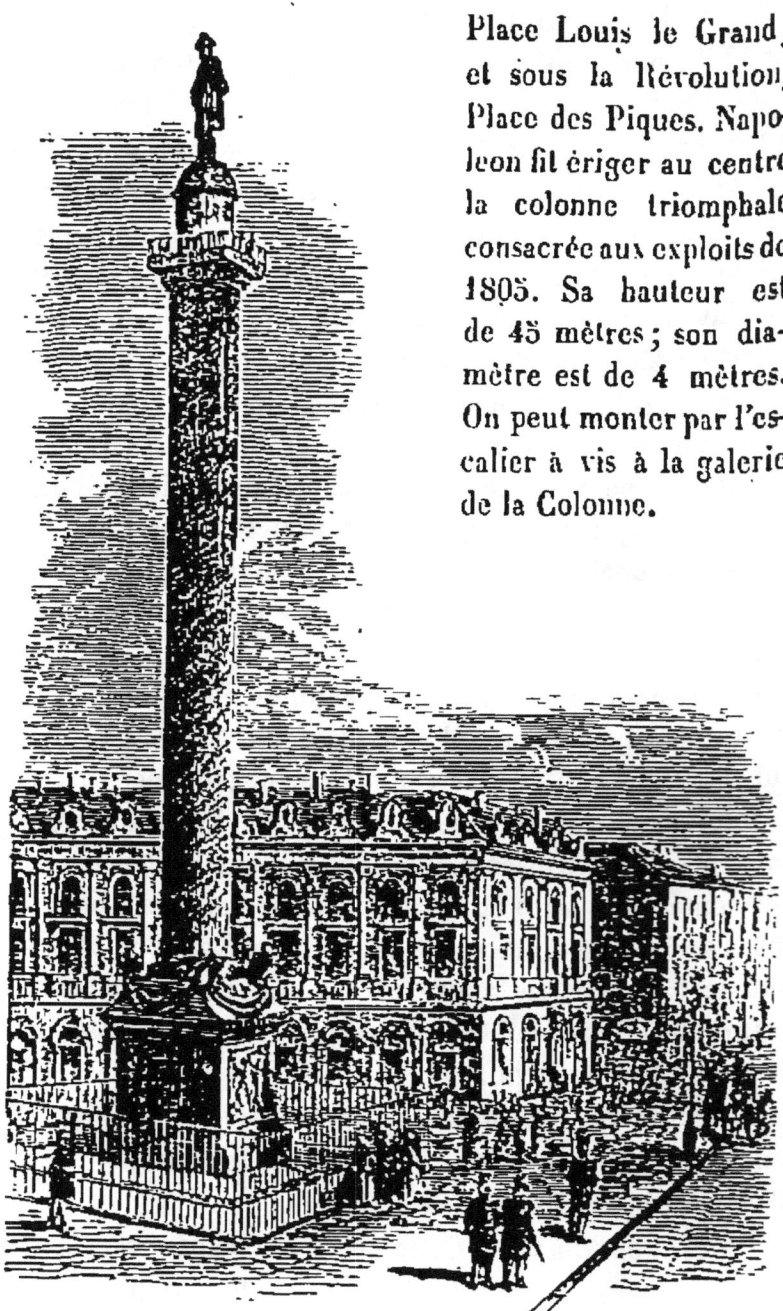

Place Louis le Grand, et sous la Révolution, Place des Piques. Napoléon fit ériger au centre la colonne triomphale consacrée aux exploits de 1805. Sa hauteur est de 45 mètres; son diamètre est de 4 mètres. On peut monter par l'escalier à vis à la galerie de la Colonne.

Place Vendôme.

Place du Carrousel.—Elle doit son nom au Carrousel, que Louis XIV donna à sa mère et à la reine en 1662. On vient d'y faire de grands travaux de terrassements.

DEUXIÈME ARRONDISSEMENT.

Place de la Bourse, remarquable par le palais de la Bourse; elle est le vrai centre de l'activité parisienne.

Place Richelieu, en face de la Bibliothèque impériale. — C'est sur cette place, qui s'appelle aussi place Louvois, qu'était situé le théâtre de l'Opéra, où fut assassiné, en 1820, le duc de Berry. Aujourd'hui, une assez jolie fontaine s'élève au milieu.

TROISIÈME ARRONDISSEMENT.

Place des Victoires, commencée en 1685, sur les dessins de Mansart, par les ordres du duc de Lafeuillade, qui y fit élever une statue à Louis XIV. En 1792, cette statue fut renversée, et l'on éleva au centre de la place une pyramide, à laquelle on substitua, en 1806, la statue colossale de Desaix, qui disparut à son tour, et dont le bronze servit à fondre la statue de Henri IV, placée sur le Pont-Neuf. En 1822, fut inaugurée la statue équestre de Louis XIV qu'on voit aujourd'hui. L'auteur de cette statue est le baron Bosio.

QUATRIÈME ARRONDISSEMENT.

Place du Châtelet. — Elle occupe l'emplacement du Grand-Châtelet, cette ancienne forteresse de Paris du côté du nord, et qui fut le théâtre de tant d'événements: le massacre des Armagnacs, le supplice des magistrats

Briscon, Larcher et Tardif, les journées de septembre en 1792, où périrent 216 prisonniers.

Place du Châtelet.

Place de l'École, sur le quai de ce nom, sans physionomie depuis qu'on a détruit la fontaine qui s'élevait au centre de cette place.

HUITIÈME ARRONDISSEMENT.

Place Royale, près du boulevard Beaumarchais, une des plus belles de Paris, construite par l'ordre de Henri IV. La Place Royale fut pendant un siècle le rendez-vous de la mode et du beau monde. C'est dans un des hôtels qui bordent cette place que naquit Marie de Rabutin de Chantal, marquise de Sévigné, en 1626. Elle a au centre une statue de Louis XIII. Des tilleuls, des marronniers et quatre fontaines ornent cette place, qui, en 1848, prit le nom de place des Vosges, que la première Révolution lui avait donné. C'est là que, dans les sanglantes journées de juin 1848, un jeune sous-lieutenant, traqué par les insurgés, se fit tuer plutôt que de rendre son épée. Il s'appelait Muller.

NEUVIÈME ARRONDISSEMENT.

Nous avons déjà parlé de la place de la Bastille, à propos des boulevards. Nous renverrons donc le lecteur au chapitre des Promenades.

Place Baudoyer, derrière l'Hôtel de Ville. — Cette place fut autrefois un des marchés de la ville. En juin 1848, elle fut le théâtre d'un terrible combat. La plupart des maisons furent canonnées, et plusieurs tombèrent littéralement en ruines.

Place de l'Hôtel de Ville, autrefois place de Grève, qui fut le lieu des exécutions. Entre autres personnages célèbres à divers titres qui subirent le supplice sur cette place, nous citerons : le connétable de Saint-Pol, Anne Dubourg, Montgommery, Ravaillac, Éléonore Galigaï, femme du maréchal d'Ancre, Montmorency-Boutteville, le maréchal de Marillac, la marquise de Brinvilliers, le comte de Horn, Cartouche, Damiens, Lally-Tollendal, seize montagnards, au nombre desquels Fouquier-Tinville, y furent exécutés. Enfin Georges Cadoudal et les quatre surgents de La Rochelle y subirent leur jugement. Depuis 1830, les exécutions ont cessé sur la place de l'Hôtel de Ville.

ONZIÈME ARRONDISSEMENT.

Place Dauphine, située entre le Pont-Neuf et le Palais de Justice. — Son nom lui fut donné par Henri IV, lors de la naissance du Dauphin, depuis Louis XIII. La fontaine Desaix s'élève au milieu.

Place du Palais de Justice, rue de la Barillerie. — C'est là qu'étaient exposés les criminels sur un échafaud; des poteaux portaient les noms des condamnés et le texte des jugements.

Place Saint-Sulpice. — C'est sur cette place que s'élève la fontaine monumentale décorée des statues des quatre évêques. Un marché aux fleurs s'y tient deux fois par semaine.

DOUZIÈME ARRONDISSEMENT.

Cet arrondissement a trois places : la place Maubert, où fut brûlé, en 1546, pour crime d'hérésie, le célèbre imprimeur Étienne Dolet, littérateur, ami de Rabelais; la place Valhubert, qui n'a rien de remarquable non plus que la place Saint-Jacques où se faisaient les exécutions à mort depuis que la place de Grève avait cessé d'être consacrée à ces solennités sanglantes. Les exécutions ont lieu aujourd'hui place de la Roquette.

XXXV. — LES BARRIÈRES DE PARIS.

    Pour augmenter son numéraire
    Et raccourcir notre horizon,
    La ferme a jugé nécessaire
    De mettre Paris en prison.

C'est par cette épigramme que la population parisienne se vengea de l'établissement du mur d'enceinte.

Le mur murant Paris rend Paris murmurant.

Ce double calembour exhalé, la capitale se tint pour satisfaite, et l'architecte Ledoux put procéder tranquillement à l'érection de ses barrières.

La moitié de ces lourdes constructions fut démolie en 1791 par le peuple; Bonaparte les fit rebâtir telles que nous les voyons aujourd'hui.

En voici la liste alphabétique :

Amandiers (des), du nom de la rue des Amandiers qui vient aboutir au bout de la rue Popincourt.

Arcueil (d'), chemin d'Arcueil, boulevard St-Jacques.

Aunay (d'), autrefois de la *Folie-Regnauld* et de *Saint-André*.

Austerlitz (d'), ou *du Jardin-des-Plantes*, près du pont d'Austerlitz.

Bassins (des), ou *des Réservoirs*, à cause du voisinage des réservoirs de la pompe à feu de Chaillot, quai de Billy.

Belleville (de), au bout du faubourg du Temple.

Bercy (de), rive droite de la Seine, au-dessus du pont d'Austerlitz.

Blanche, à l'extrémité de la rue de ce nom, ainsi nommée de l'enseigne de l'auberge autrefois célèbre de la *Croix-Blanche*.

Boyauderie (de la), à l'extrémité de la rue qui porte son nom, près les buttes Saint-Chaumont

Charenton (de), rue de Charenton, *barrière de Marengo* sous l'Empire.

Chartres (de), barrière postiche en forme de temple antique, au milieu du parc de Mousseaux.

Chopinette (de la), rue du Buisson, faubourg Saint-Martin. Elle doit son nom au grand nombre de marchands de vin groupés autour d'elle.

Clichy (de), rue de Clichy. Le tableau d'Horace Vernet représentant le maréchal Moncey défendant l'entrée du faubourg à la tête de la garde nationale contre le corps russe du général Langeron a immortalisé cette barrière.

Combat (du), rue de l'Hôpital Saint-Louis. Autrefois le théâtre de ces ignobles combats d'animaux qu'on a supprimés depuis quelques années.

Courcelles (de), rue de Chartres, faubourg du Roule.

Couronnes (des trois), rue des trois Couronnes.

Croulebarbe (de), boulevard des Gobelins.

Cunette (de la), quai des Invalides. Son nom lui vient d'un bassin creusé dans un fossé à sec.

École militaire (de l'), avenue Lowendhal.

Enfer (d'), rue d'Enfer.

Fontainebleau (de), appelée aussi *barrière d'Italie* et *Mouffetard*.

Fontarabie (de), rue de Charonne, autrefois barrière de *Charenton*.

Fourneaux (des), rue des Fourneaux.

Franklin (de), rue Neuve de Poissy, aux Champs-Élysées. C'est près de là qu'habita l'illustre Franklin pendant son séjour à Paris.

Gare (de la), quai de l'Hôpital.

Grenelle (de), autrefois des *Ministres*.

Ivry (d'), boulevard de l'Hôpital.

Longchamp (de), rue Longchamp. Elle conduit à l'ancienne abbaye de Longchamp.

Maine (du).

Martyrs (des), rue des Martyrs, en souvenir de saint Denis décapité à Montmartre (*Mons martyrum*), dit la légende.

Ménilmontant (de).

Montmartre (de), rue Pigale.

Montreuil (de), rue Montreuil.

Moulins (des deux), rue du Marché aux Chevaux. Le dépôt des poudres de l'arsenal de Paris est situé près de cette barrière.

Monceaux (de), rue du Rocher.

Neuilly ou de l'Étoile (de).

Oursine (de l'), boulevard du Midi, autrefois de *la Glacière*.

Paillassons (des), près de l'École-Militaire.

Pantin (de), rue du Chemin de Pantin.

Bons-Hommes ou de Passy (des). Elle tire son nom d'un couvent de religieux Minimes, fondé à Passy en 1496, par la reine de France Anne de Bretagne.

Picpus (de), rue de Picpus.

Ramponneau (de), rue de l'Orillon, célèbre par le cabaret de ce Ramponneau qui reçut la visite de tout le xviiie siècle.

Râpée (de la), quai de la Râpée.

Rats (des), rue des Rats.

Reuilly (de), rue de Reuilly.

Rochechouart (de), rue Rochechouart.

Roule (du), faubourg du Roule.

Saint-Denis, faubourg Saint-Denis.

Saint-Mandé (de), avenue Saint-Mandé.

Saint-Martin, faubourg Saint-Martin.

Sainte-Marie, près des Filles-Dieu, aux Champs-Élysées.

Santé (de la), boulevard Saint-Jacques.

Sèvres, rue de Sèvres.

Télégraphe (du), ou *Poissonnière*. C'est en face du

faubourg Poissonnière que s'élève le télégraphe de Montmartre.

Vaugirard (de), rue Vaugirard.

Vertus (des), rue de Château-Landon.

Villette (de la), près du bassin de la Villette.

Vincennes ou du Trône (de). C'est sur un trône élevé sur cet emplacement que Louis XIV et la reine Marie-

Barrière du Trône.

Thérèse d'Espagne, reçurent à leur entrée à Paris, en 1660, les hommages des autorités de l'époque. La barrière de Vincennes est fameuse par ses innombrables guinguettes, parmi lesquelles on citait beaucoup autrefois celle de Desnoyers dont le salon de cent couverts a été si souvent décrit dans les tableaux de mœurs du temps de la Restauration.

XXXVI. — LES MAGASINS.

Pour être complets et terminer utilement notre *Guide*, nous devons donner ici, à titre de renseignement pour le voyageur, une liste des principales maisons de Paris d'où sortent tous ces objets de luxe et de toilette si bien accueillis dans le monde entier.

Nous indiquons aussi ces restaurants, rendez-vous des gourmets, et ceux qui conviennent mieux à des estomacs moins exigeants et à des bourses plus économes.

Argenterie. — Balaine, place de la Bourse, 3. — Christofle, rue de Lancry, 11, et pavillon de Hanovre,

Pavillon de Hanovre. — Magasin Christofle.

boulevard des Italiens, 35. — Fougère, rue des Gravilliers, 88.— Gandais, rue du Ponceau, 42.— Lebrun, quai des Orfèvres, 40.

Bains. — Bains Vigier, sur la Seine, au pont Royal. — Maison municipale de Santé, faubourg Saint-Denis, 118. — Bains Sainte-Anne, rue Sainte-Anne, 63. *Bains médicinaux.* — Établissements des Néothermes, rue de la Victoire, 56. — Bains de Tivoli, rue Saint-Lazare, 102. *Écoles de natation.*— Pont de la Concorde, pont Royal et pont Neuf.

Bijoutiers. — Bapst, rue Basse-du-Rempart, 42. — Duponchel, rue Neuve-Saint-Augustin, 47.— Fossin, rue Richelieu, 62. —Fournier-Maurin, rue de Rivoli, 63.— Froment-Meurice, faubourg Saint-Honoré, 52. — Lemonnier, place Vendôme, 6.

Bronze. — Barbedienne, boulevard Poissonnière, 30. — Denière, rue Vivienne, 15. — Giroux, boulevard des Capucines. — Paillard, rue Saint-Claude, 8. — Susse, place de la Bourse, 31.

Cabinets de lecture. — Galignani, rue Vivienne, 18. — Lecoq, rue Sainte-Anne 7. — Salons Victoria, rue de la Madeleine.

Cannes et ombrelles. — Cazal, boulevard des Capucines, 27. — Verdier, boulevard de la Madeleine, 17.

Châles. — Biètry, rue Richelieu, 102. — Gay, rue de la Vrillière, 2. — Maison du Cachemire Français, rue des Fossés Montmartre, 1. — Maison du Persan, rue de la Bourse, 11. — Roret, rue Richelieu, 82.

Chapeliers. — Achard, rue Richelieu, 95. — Gibus, place des Victoires, 3. — Jay, rue Vivienne, 53.

Carrossiers. — Aldringen, rue du Colisée. — Dumaine, rue Lepelletier. — Fleury, avenue de Montaigue, 52. — Ch. Lerega, rue de Grenelle-Saint-Germain, 96. — Moussard, avenue de Montaigne, 58.

Chemisiers. — Lami-Houcet, rue Vivienne. — Charvet, rue Richelieu, 93. — Longueville, rue Richelieu, 14. — Preville, boulevard des Italiens, 14.

Chevaux (marchands de). — Benedict, Champs-Élysées, 38. — Eug. Crémieux, Champs-Élysées, 76. — Marché aux chevaux, boulevard de l'Hôpital.

Cheveux (artistes en). — L. Constant, rue Rambuteau, 65. — Croizat, rue Richelieu, 76. — Lemonnier, boulevard des Italiens et passage de l'Opéra.

Comestibles (artistes en). — Aymès, boulevard de la Madeleine, 15. — Chabot et Potel, rue Neuve-Vivienne, 28, et boulevard des Italiens, 25. — Chevet, galerie de Chartres, 4 à 7, Palais-Royal. — Corcellet, péristyle Beaujolais, au Palais-Royal.

Confectionneurs d'habillements. — Belle Jardinière, quai aux Fleurs. — Le Châtelet, rue de Rivoli. — Palais de Cristal, rue Vivienne, 25. — Le Pré-aux-Clercs, rue du Bac, 36. — Le Prophète, boulevard Poissonnière, 11.

Confiseurs. — Boissier, boulevard des Capucines, 9. — Bonnet, rue Vivienne, 31. — Marquis, rue Neuve-Vivienne, 44. — Masson, rue de Richelieu, 28. — Terrier, rue Saint-Honoré, 254.

Cordonniers. — Arema, galerie Valois, 6, Palais-Royal. — Giscaro, rue Richelieu, 65. — Molière, rue de la Bourse, 4. — Sakoski, galerie d'Orléans, 26, au Palais-Royal. — Maison Emery, rue Saint-Honoré, 301.

Corsetiers. — Guillard, rue Sainte-Anne, 42. — Josselin, rue Louis-le-Grand, 37.

Couturières.—Camille, rue de Choiseul, 15.—Collet, rue et place Louvois, 10. — Palmyre, rue Laffitte, 15.

Curiosités (marchands de). — Bruneau, rue de la Paix, 1. — Delange, quai Voltaire, 5.— Escudier, quai Voltaire, 21. — Lachenal, boulevard de la Madeleine, 3. — Mombro, rue Basse-du-Rempart, 18. — Perret, rue Grétry, 2.

Dentelles. — Compagnie des Indes, rue Richelieu.— Delcambre, rue de Choiseul, 6. — Violard, rue de Choiseul, 4.

Ébénistes.— Année, rue Chapon, 22. —Barbedienne, boulevard Poissonnière, 30. — Giroux, boulevard des Capucines. — Tahan, rue de la Paix, 32. — Zindernagll, rue du Faubourg-Saint-Denis.

Facteurs d'instruments. — Blanchet et Rollet, rue Hauteville, 26. — Érard, rue du Mail, 13. — Pape, rue des Bons-Enfants, 19. — Pleyel, rue Rochechouart, 22, pour les pianos. — Sax, pour les instruments en bois et en cuivre, rue Saint-Georges, 50.

Fleuristes. — Batton, rue Richelieu, 85. — Chagot-Morin, rue Neuve Saint-Augustin, 5. — Constantin, rue d'Antin, 7. — Guersant, rue de Choiseul, 8. — De Laère, rue Richelieu.

Fleurs. — Briollet, rue Saint-Lazare, 106. — Madame Prévost, galerie Nemours, 13 et 14, Palais-Royal.

Fourrures. — Lachnitt, rue Saint-Honoré, 213. — Mademoiselle V. Maillard, boulevard de la Madeleine, 7. — La Reine d'Angleterre, rue Saint-Honoré, 357.

Glaciers. — Bignon, boulevard des Italiens, 38. — Roux, rue Royale-Saint-Honoré, 23. — La Reine de Castille, rue Saint-Dominique-Saint-Germain, 11.

Horlogers.—Detouche, rue Saint-Martin, 228.— Garnier (Paul), rue Taitbout, 6.— Vallet-Léon, rue Neuve-Bourg-l'Abbé, 2. — Wagner, rue Neuve-des-Petits-Champs, 47, et rue Montmartre, 118.

Jouets (marchands de). — A. Giroux, boulevard des Capucines. — Sanoues, rue Meslay, et rue Vieille-du-Temple, 75. — Tempier, boulevard des Italiens, 27. —

Lampistes. — Association Ouvrière, rue de Bondy, 70. — Gagneau frères, rue d'Enghien, 25. — Hadrot, rue des Fossés-Montmartre, 14. — Neuburger, rue Vivienne, 4.

Libraires et Éditeurs. — Livres classiques : Delalain, rue de la Sorbonne, 1 ; Hachette, rue Pierre-Sarrasin, 14. — Livres de droit : Cotellon, rue des Grès, 18 ; Hingray, rue des Marais-Saint-Germain, 20 ; Videcoq, place du Panthéon. — Livres étrangers : Veuve Baudry, rue Bonaparte, 3 ; Galignani, rue Vivienne, 18 ; Hapin, rue de la Banque, 22. — Livres de médecine : Baillère, rue Hautefeuille, 19 ; Masson et Labbé, place de l'École-de-Médecine. — Livres religieux : Lecoffre et Ce, rue du Vieux-Colombier, 29 ; Périsse frères, rue Saint-Sulpice, 38. — Livres de luxe : Curmer, rue Richelieu, 47 ; Furne, rue Saint-André-des-Arts, 45 ; Perrotin, rue Fontaine-Molière, 41 ; Paulin et Lechevalier, rue Richelieu, 60 ; l'*Illustration*, rue Richelieu, 60.

Lingerie. — Chapron, rue de la Paix, 11. — Colas, rue Vivienne, 47. — Oudot, rue Saint-Jacques, 184. — Ridet, rue Saint-Roch, 30.

Maisons de santé.— Archambault, rue de Charonne, 161. — Bains de Tivoli, rue Saint-Lazare, 102. — Néothermes, rue de la Victoire, 56.—Maison municipale de

Santé, faubourg Saint-Denis, 110. — Maison du docteur Blanche, à Passy.

Modistes. — Alexandrine, rue d'Antin, 14. — Barenne, place Vendôme, 14. — Brun (Mélanie), rue de la Paix, 9. — Tamburini, rue Richelieu, 70.

Nouveautés (marchands de). — La Chaussée d'Antin, rue de la Chaussée-d'Antin.— Le Coin de Rue, rue Montesquieu. — Gagelin, rue Richelieu, 83. — Le Grand Condé, rue de Seine. — Le Petit Saint-Thomas, rue du Bac, 27. — Les Trois Quartiers, boulevard de la Madeleine, 21. — Les Villes de France, rue Richelieu, 104.— La Ville de Paris, rue Montmartre, 174.

Parfumeurs. — Delapierre, rue du Bac, 55. — Farina, rue Saint-Honoré, 333. — Lubin, rue Sainte-Anne, 55. — Mignot, rue Vivienne, 19. — Piver, place de la Bourse, 29. — Société Hygiénique, rue Rivoli, 65.

Pâtissiers. — Caresme, rue de la Paix, 25.— Félix, passage des Panoramas. — Julien, rue Vivienne, 27, et boulevard des Italiens, 9. — Lesage, rue Montorgueil, 71. — Pâtisserie Anglaise, rue Rivoli, 46.

Porcelaine (marchands de) *et de Cristaux.*—Bourlet, boulevard Poissonnière, 14. — Charpentier, rue du Bac, 28. — Escalier de Cristal, au Palais-Royal. — Jacquel, rue de la Paix, 3. — Houssaye, rue Vivienne, 36. — Lahoche, galerie Valois, 162, Palais-Royal.

Restaurants.—Au Palais-Royal : Douix, Frères Provençaux, Véfour, Véry, — *Boulevard des Italiens :* Maison Dorée ; Café Anglais ; Café de Paris. — *Boulevard du Temple :* Bonvallet. — *Au Palais-Royal et sur le boulevard,* restaurants à prix fixe : 32 et 40 sous.

— Dîner de l'Exposition, passage d'Artois, rue Laffitte.
— Dîner de Paris, boulevard des Italiens.

Soierie. — Gagelin, rue Richelieu, 83. — Les Trois Quartiers, boulevard de la Madeleine, 21.

Magasin des Trois-Quartiers.

Tailleurs. — Humann, rue Neuve-des-Petits-Champs, 83. — Blay-Laffitte, boulevard des Italiens, 11. — Dusautoy, boulevard des Italiens, 14. — Renard, boulevard des Italiens, 2. — Staub, rue Saint-Marc, 28.

Et pour les vêtements de prix peu élevés, les maisons de confection citées ci-dessus.

Voitures (loueurs de). — Brion-Bryard, rue Basse-du-Rempart.

Nous n'avons voulu donner ici que la liste des établissements en renom; pour plus amples détails, nous renvoyons le lecteur à l'*Almanach du Commerce,* que l'on peut trouver dans tous les hôtels et dans tous les cabinets de lecture.

FIN.

PARIS. — IMPRIMERIE J. CLAYE, RUE SAINT-BENOIT, 7.

TABLE DES MATIÈRES.

	Pages.
Abattoirs....................................	126
Agrandissements de Paris, chapitre VII.........	28
Ambassades, Légations, Consulats, ch. XIV......	120
Arrivée, ch. I...............................	1
Artillerie (musée d')........................	161
Bals, ch. XXXI..............................	199
Banque de France, ch. XXV...................	146
Barrières, ch. XXXV.........................	208
Bastille.....................................	45
Beaux Arts (palais des)......................	79
Bibliothèques, ch. XXVIII....................	163
Boulevards...................................	39
Bourse (palais de la).........................	80
Cafés-Estaminets, ch. IV.....................	17
Casernes, ch. XXI...........................	143
Catacombes..................................	113
Cercles, ch. XXXIII..........................	202
Champs-Élysées..............................	35
Chantier d'Équarrissage......................	146
Chemins de fer, ch. VI.......................	27
Cimetières, ch. XV...........................	111
Cluny (musée de)............................	158
Collège de France...........................	83
Concerts, ch. XXX...........................	198
Conservatoire des Arts et Métiers..........	87 et 136

TABLE DES MATIÈRES.

	Pages.
Conservatoire de Musique et de Déclamation	87
Contributions indirectes, Pourboires, etc., ch. II	6
Corps Législatif (palais du)	76
École Militaire	72
Églises, ch. X	90
Élysée-Napoléon	74
Enseignement et Études, ch. X	81
Établissements commerciaux, ch. XXII	144
Établissements d'utilité publique, ch. XVII	132
Fontaines, ch. XX	140
Fourrière	145
Gobelins	135
Halles	125
Hôpitaux, ch. XIII	117
Hôtels, ch. I	1
Hôtel des Invalides	70
Hôtel des Monnaies, ch. XXVI	147
Hôtel de Ville	65
Imprimerie Impériale	89
Institut (palais de l')	77
Jardin des Plantes	56
Légion d'Honneur (palais de la)	76
Lettres et timbres-poste	134
Louvre	62 et 148
Luxembourg	53 et 156
Lycées	82
Magasins, ch. XXXVI	213
Marchés, ch. XVI	122
Ministères, ch. XV	121
Morgue	114
Musées, ch. XXVII	148

TABLE DES MATIÈRES.

	Pages
Observatoire	88
Palais, ch. IX	62
Palais de Justice	68
Palais-Royal	50
Place de la Concorde	38
Place de Grève	68
Places publiques, ch. XXXIV	202
Place Royale	53
Pompes funèbres, ch. XXIII	145
Ponts, ch. XVIII	137
Ports, ch. XIX	139
Postes	132
Préfecture de Police, ch. XXIV	145
Prisons, ch. XII	114
Promenades publiques, ch. VIII	34
Quai d'Orsay (palais du)	74
Restaurants et Tables d'hôte, ch. III	11
Sainte-Chapelle	71
Salles d'Armes, — Boxe, — Canne, — Bâton, — Tirs, etc., ch. XXXII	201
Sorbonne	82
Temple	129
Théâtres, ch. XXIX	178
Thermes (palais des)	160
Tuileries	47
Voitures, ch. V	19

EN VENTE

A LA LIBRAIRIE PAULIN ET LE CHEVALIER

L'ILLUSTRATION, journal hebdomadaire. — Le numéro : 75 cent. — L'abonnement : 9 fr. par trimestre pour Paris et la province.

TABLEAU DE PARIS, par Edm. Texier. — Ouvrage illustré de plus de 1500 gravures, représentant Paris sous tous ses aspects et à toutes ses époques. — 2 volumes grand in-4° de 400 pages. — 15 fr. le volume broché. — Richement relié 20 fr.

TABLEAU DE LA TURQUIE ET DE LA RUSSIE, par MM. Joubert et Félix Mornand. — 200 gravures — 7 fr. 50 cent. broché. — 10 fr. relié.

CAHIERS D'UNE ÉLÈVE DE SAINT-DENIS, cours d'études complet et gradué pour les filles, divisé en 6 années ou 12 semestres. — Les 12 volumes brochés 39 fr. — On peut prendre séparément chaque volume.